勝てない原因はトレード手法ではなかった

FXで勝つための資金管理の技術

7つのトレード許可証を伝授

損失を最小化し、利益を最大化するための行動理論

著
AKIHIRO ITO　KEN KANAKOGI
伊藤 彰洋　鹿子木 健

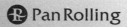

序章　なぜ9割の人が負けているのか？

1）始める前から負けている

　FXの世界でよく言われていることのひとつに「実に9割のトレーダーが負けている」があります。これはおそらく事実です。私たちは、このことをきちんと受け止める必要があるでしょう。「自分には関係ない、自分は大丈夫」と考えていると、原因がわからないまま、いつまでも負け続けることになるからです。

　なぜ9割ものトレーダーが負けているのでしょうか？　もしかすると、私たちは大きな勘違いをしているのかもしれません。負ける人は「エントリーするたびに負ける」と考えるのでしょうが、本当は「エントリーする前から負けている」状態にあるのではないでしょうか？

　最近では、20歳以上なら誰でも簡単にFX口座を開設することができるようになりました。口座開設キャンペーンなどもよく見かけます。
　口座開設自体はお手軽にできますから、これから「自分のお金を使って、金融市場の海千山千の猛者たちと戦うことになる」という認識はほとんどないでしょう。実際、口座開設を済ませ、証拠金を入金したならば、すぐにエントリーしてみたくもなると思います。
　レバレッジやポジションサイズ、損益などの計算ができていなくても、また、損切りや利食いの方法がわからなくても、良いのか悪いのか、プライスボードの売買ボタンをクリックするだけで簡単にエントリーできてしまいます。実際、口座開設後、証拠金の入金を終えると「準

なぜ、9割の人が負けているのか

◆**始める前から負けている**
　◎初心者にありがち
　◎スタートラインをスキップしている
　◎リスクをリスクとして認識していない

◆**破産の9割は自滅によるもの**
　◎トレード初級者〜中級者にありがち
　◎メンタル管理と直結している
　◎ビジネスやスポーツの世界でも同じ

備が整った」と勘違いしてしまい、すぐにエントリーしてしまうことがほとんどではないでしょうか？　要するに、何もわからないままトレードを始めることができてしまうわけです。

　こういった行動は考えものです。本人は"スタートライン"に立ったつもりでいても、正しいスタートラインをスキップしてしまっています。本来のスタート地点から大きくフライングしているので、遅かれ早かれ退場させられることになるでしょう。

　何もわからないまま、何も準備しないまま取引を始めることは最大のリスクです。
　資金管理はおろか、FXの仕組みや取引ルール、注文方法、決済方法など、何も理解しないまま始めてしまっていないか、今一度、確認してください。FXのことを十分わかっていない状態で、勝てるはずがありません。
　このリスクに気づかない人や、リスクとすら思わず取引を始め、大切な証拠金を失う人を見ると、とても残念に思います。
　このように、初心者の多くはFXを安易に考え、「何も学ばずにトレードを始める」という大きなリスクを冒してしまいます。そして、甚大な損失を出してから事の重大さに気づき、初めて学び始めるのです。順番がおかしいですよね。
　繰り返しになりますが、**無知はリスクです**。わからないまま始めることが、入門者や初心者が直面する最大のリスクなのです。このことをまずは理解してください。

２）プロの土俵までのプロセス

　トレードに限らず、各分野に共通して言えることは「プロへの道は狭き門」という事実です。

プロになるまでのプロセス

◆野球の場合
リトルリーグ → 高校野球 → 甲子園 → アマチュアリーグ → プロテスト／ドラフト → プロ野球 → メジャーリーグ

◆ボクシングの場合
インターハイ → 練習生 → アマチュア → プロテスト → ライセンス → プロボクサー

◆FXの場合
口座開設 → 入金 → トレード開始

一般に、プロと呼ばれる人たちは過酷な練習や訓練といった下積みを経験し、プロテストなどを受け、ライセンスを手にして、スタートラインに立ちます。
　デビュー後も活躍し続けることができるかは、決して保証されてはいません。むしろ、さらなる訓練を継続しないならば、淘汰されてしまいます。

　FXトレードの分野ではどうでしょうか？　FXトレードの入門ハードルは低いです。誰でも簡単に始められる環境が整っています。
　他の分野と比べたとき、あまりにも簡単に始められるからこそ、何の訓練もせず、あまりにも軽率にFXに参入してしまっている、というのが現状ではないでしょうか？
　FXトレードの世界では、プロもアマチュアも関係ありません。市場には機関投資家やヘッジファンド、インターバンクといったプロ集団がひしめき合っています。
　また、個人投資家といっても、大口投資家もいれば、一般の専業トレーダーや副業トレーダー、主婦トレーダーなどさまざまです。
　簡単に始められる環境にあるからこそ、簡単に始めてはいけないのです。簡単に始められるということは、それだけ参加者、つまり敵も多いということになるからです。実際、FXはとても過酷な世界です。
　何も準備せずリスクを放置した状態でFXの世界に飛び込んでいく。これは勇気ではありません。「無謀」です。どんな世界、またどんな分野でも、真剣に取り組み、必要な知識や考え方を身につけた人だけが生き残っていけることを忘れてはなりません。

　プロほどしっかり学びます。
　プロほど訓練します。
　プロほど真剣に取り組みます。

FXの世界

- 兼業トレーダー
- ヘッジファンド
- 初心者
- 大口投資家
- 個人投資家
- インターバンク
- 機関投資家
- ディーラー
- 主婦
- 上級者
- 専業トレーダー
- 主夫
- 中級者
- 実需企業

何も学ばず、何も身につけていない素人がプロにかなうはずがありません。
　スポーツの世界では、年代別や性別、体重といった階級別に分けられて戦うことがほとんどです。しかし、FXでは参加者が皆、同じ土俵に立つことになります。そこに容赦や手加減などはありません。

　もしもリスクを理解しないままFXを始めたとしたら、どうなるのでしょうか？　例えるなら、素人がプロボクサー相手にボクシングのリングに上がることと似ています。もしくは、素人がF1マシンに乗ってサーキットでレースに挑むようなものです。
　結果は言うまでもありません。両者とも、最悪なケースとして命を落としてしまうこともあり得ます。奇跡的に素人が勝つこともあるかもしれませんが、その確率は限りなくゼロに近いです。
　先述したように、無知のまま始めること、リスクを放置することが最大のリスクなのです。私たちトレーダーにとっては、まずこのリスクをなくすこと、少なくともリスクを減らすことが必要です。

　その一方で「FXの世界は平等」という見方もできます。私たちもプロと同じように稼ぐことができるからです。
　FXの世界では、肩書や経験は一切通用しません。普通の主婦でもチーフディーラーに勝つことがいくらでも起こります。
　しかし、前提条件があります。それは、資金管理スキルを身につけていることです。センスや勘などではありません。「資金管理こそが唯一プロに勝つ方法」なのです。

3）破産の9割は自滅！

　トレードで破産してしまう人や市場から退く人を見ていると、ある

共通の特徴が浮かび上がります。それは「自滅」です。**自滅の原因は、ファンダメンタルズやテクニカルではなく、資金管理にあります。**これは、トレード初級者から中級者まで、広く見られる現象です。

　甚大な含み損を抱えていることに気づき、恐くなってロスカットし、証拠金のほとんどを失ってしまうケースもあれば、損失を取り戻そうとしてさらにレバレッジを上げてエントリーし、すべてを失ってしまうケースもあります。いずれも自滅です。

　資金管理ができない人は、相場が暴落しても、暴騰しても対応できません。暴落や暴騰は、本来、大きな利益を手にするチャンスになりますが、資金管理ができないと、逆に大きな損失を出すことになったり、利益にするチャンスをみすみす逃してしまうことになったりします。

　また、資金管理の欠落は思考を停止させます。思惑と反対方向に大きく動いた場合、恐怖に支配され、もはや冷静にトレードできる状況ではなくなります。損失を確定した後は、エントリーしたことへの後悔、そもそもトレードを始めた自分への自己嫌悪、そして、お金を失ったことについての家族への言い訳が頭を駆け巡るなど、負の感情に支配されてしまいます。

　自分の思うようなトレードができず、何連敗もして自暴自棄になる、やみくもにエントリーを繰り返し、大切な証拠金を失うなど、失敗のケースは百人百様です。とはいえ、共通点は、自分を律することができないが故の「自滅」だということです。

　競馬やギャンブルでも（FXはギャンブルではありませんが）、初めのうちはコツコツと賭けていたのに、負けがかさむと自暴自棄になってしまい、最終レースやラストゲームで残りの全資金を投じて一発逆転に賭けてしまう、ということがよくあります。自分で自分を律

することができずに自滅するパターンです。逆の立場からすると、相手が勝手に負けてくれるのはありがたいことなのです。

　ギャンブルに限ったことではなく、スポーツの分野においても、敗因の多くは「自滅」です。

　例えば、野球の試合で、投手が極度の緊張やプレッシャーに押しつぶされるケースがそうです。制球が乱れ、フォアボールを繰り返し、押し出しで失点するほか、失投してホームランを浴びるなどのシーンは、まさに典型的な自滅例です。

　これは、もはや相手との戦いではなく、自分自身との戦いだということがわかるでしょう。相手に負けたわけではなく、自分に負けたのだとしたら、これほど悔しいことはありません。

　プロスポーツ選手はストレッチや準備運動を入念に行い、ウォーミングアップして試合に臨みます。それでも緊張やプレッシャーに打ち勝つことができず、本来の力を発揮することなく負けてしまうこともしばしば起こります。自分との戦いはそれほど厳しいものだということです。

　相場でも同じことが言えそうです。ファンダメンタルズやテクニカルとは関係のないところで、ただ自分を律することができなかったために、自ら勝手に負けていくのではないでしょうか。

　連敗時のように不調のときほど本当の自分が試されます。実は、不調はチャンスなのです。本来の自分の姿を映してくれるので、そこに向き合って修正すればよいからです。修正とは、細かくいろいろ試すことではなく、基本に戻ることです。

　この"基本に戻るという「修正」"を実行できる人が、相場の世界で生き残ることができます。調子の良いときに勝てるのは当たり前です。不調のときにこそ、それが本来の自分自身の実力だと認め、「基本への修正」を意識してください。

FXでの負けは、相手との勝負で決まることは少なく、
自分自身の失敗＝自滅によるものがほとんどである

「勝つこと」よりも「負けないこと」のほうが難しいですし、それができることこそ、真の強さだと思います。

　自分のことを「メンタルが弱い」と思っている人の多くは、実は心が弱いのではありません。資金管理ができていないだけなのです。実際、資金管理が上手にできる人で、メンタルについて悩んでいる姿を見たことがありません。
　自滅の原因はメンタルの弱さではなく、資金管理力の欠如です。メンタルを言い訳にしていては、解決方法が見えなくなります。自己啓発書がどれだけ売れても世の中の悩みがなくならないのを見てわかるように、心の問題に解決を求めるのは的外れです。
　トレードとは、私たちの心の状態がどうであるかに関わりなく、何度もポジションを持って、利食いや損切りを繰り返していくものです。毎回一喜一憂していては心も持ちませんし、勝ち続けることなど到底できません。ましてや、自暴自棄になって自滅することなど言わずもがなです。
　資金管理の学びは、私たちを裏切りません。資金管理を学ぶということは、トレードで勝つ方法を学ぶということでもあるのです。しかも、トレードで勝つための最短距離が「資金管理」です。「聖杯」のような絶対に勝てる手法はこの世に存在しませんが、あえて言うなら資金管理こそ聖杯です。地味で面倒くさそうなイメージが、人々にそれを気づかせないようにしていたのかもしれません。

4）資金管理は土台

　FXトレードを始めるにあたり、最初に身につけるべきことは資金管理です。
　家を建てるときにも、基礎工事が絶対に欠かせません。それと同じ

資金管理は土台

テクニカル

資金管理

です。資金管理という土台の上にテクニカルを積み上げていくイメージだと考えてください。

　土台がしっかりしていなければ、いくらテクニカルを学んでも、学んだことが身についていきません。むしろ、あれもこれもとたくさん学び、高く積み上げれば積み上げるほど、派手に崩れ落ちてしまうでしょう。土台がしっかり構築されていなければ、せっかくのテクニカルも、文字通り、「台無し」となってしまうでしょう。

　多くの人がないがしろにしている資金管理こそ、実は、なくてはならない土台です。テクニカル分析を駆使しなくても相場で勝つことはできますが、資金管理ができていなければ、生き残ることはできません。

　資金管理というと、一見地味で面倒くさく消極的なイメージを持たれがちです。喩えるなら、誰もが見向きもしない岩、邪魔者扱いされる岩、必要ないと思われている岩、それが資金管理なのかもしれません。

　でも、今日限り、その認識は捨ててください。資金管理は最も根底にあって人目につかない土の中に隠れた岩ですが、実は最も大きな岩であり、最も必要不可欠な土台なのです。

　このことを理解するには時間が必要かもしれません。大きな失敗を経験しなければ気づけないのかもしれません。

　縁があってこの本を手に取ってくださった読者の皆さんには、大切なお金を失ってほしくありません。また、時間を無駄にしてほしくもありません。資金管理の重要性を認識し、相場で生き残ってほしいと心から願うばかりです。

5）リスクを認識することと資金管理の必要性

　次ページをご覧ください。これらのことを理解し、資金管理に基づいた行動をしていますか？　あなたのリスク管理、資金管理は本当

～ＦＸを始めるにあたってのリスク～

ＦＸの仕組みを正しく理解していますか？

- FXとは何か理解していますか？
- 通貨ペアの表記の意味を理解していますか？
- レバレッジとは何か理解していますか？
- 証拠金維持率について理解していますか？
- 評価損益の計算ができますか？
- 適正なポジションサイズを計算できますか？
- FXに潜むリスクを理解していますか？
- ルールを理解しないうちに始めていませんか？
- 自己責任の意味を理解していますか？

オペレーションシステムについて

- 操作方法を理解していますか？
- 注文方法を理解していますか？
- 成行注文、指値注文、逆指値注文の使い方を理解していますか？
- ストップ注文の使い方を理解していますか？
- 強制ロスカットの仕組みを理解していますか？

に大丈夫でしょうか？

　少しでも理解が足りなかったり、不安要素があったりするならば、今すぐトレードを中断し、本書を最後まで読み進め、資金管理のことを理解してからトレードを再開することをお勧めします。

　まずは自分の現在地を確認して、学びの時間を確保し、正しいスタートラインに立つことから始めましょう。

　続いて、次ページをご覧ください。これらのことがトレードにおける本来のリスクです。前述したFXを始める前の潜在リスクとはまた別物です。

　２大リスク（始める前のリスクとトレードにおけるリスク）を抱えた状態でトレードを開始することがどれだけ怖いことなのか、おわかりいただけたでしょうか？

　以上のようなリスクを最小限に抑えることが資金管理です。

　金利や物価、雇用などのいわゆるファンダメンタルズだけでなく、天災、戦争などの地政学的なことも予想不可能なリスクです。リスクがあるからこそ、資金管理が必要になります。

　本書ではこれらのリスクに対処できる資金管理の考え方をお伝えしていきます。

6）テクニカルと資金管理

　ここでひとつのテーマとして読者の皆さんに問いかけてみたいと思います。本書を読み進める前にご自身で一度考えてみてください。

「テクニカルだけで勝てるのでしょうか？」
「テクニカルはなぜ必要なのでしょうか？」

～実際のトレードにおけるリスク～

◎不確実性はリスクです
　　→天変地異、災害、戦争など
◎先が読めないことはリスクです
　　→景気、金利、価格、上がるか下がるか
◎計算できないことはリスクです
　　→レバレッジ、評価損益、ポジションサイズ
◎損失のバラつきはリスクです（ハイレバレッジによる）
◎リスクを放置することはリスクです

「資金管理だけで勝てるのでしょうか？」
「資金管理はなぜ必要なのでしょうか？」

　これらのテーマについては第1章で扱いたいと思います。

7）正しいスタート地点に立つ

　ここまで、FXを始める心構えとして厳しいことを思い切って書きましたが、リスクを十分認識し、資金管理を正しく理解すれば、FXほど優位性のある投資手段はないと思います。

　資金管理というスキルは、一度身につけてしまえば忘れることはありませんし、繰り返し学ぶ必要もありません。資金管理の学びにコミットするかしないかの差はあまりに大きいです。

　本書を通して資産が増える仕組みを正しく認識していただき、資金管理に基づいた行動を開始していただくことを願っています。

序章　なぜ9割の人が負けているのか?　　2

　　　　1）始める前から負けている
　　　　2）プロの土俵までのプロセス
　　　　3）破産の9割は自滅!
　　　　4）資金管理は土台
　　　　5）リスクを認識することと資金管理の必要性
　　　　6）テクニカルと資金管理
　　　　7）正しいスタート地点に立つ

第1章　資金管理だけで勝てる理由

　第1節　資金管理の真実 ——— 26

　第2節　資金管理はコントロールできる ——— 30
　　　　1）外部要因と内部要因
　　　　2）資金管理は自分でコントロールできるものである

　第3節　資金管理の4大要素 ——— 32
　　　　1）3つの実験
　　　　2）何が問題だったのか?
　　　　3）資金管理に欠かせないもの

　第4節　資金管理はなぜ必要? 資金管理だけで勝てる? ——— 40
　　　　1）資金管理だけで勝てるのでしょうか?
　　　　2）資金管理はなぜ必要なのでしょうか?

　第5節　資金管理で勝つために必要な勝率とリスクリワードの関係 ——— 42

第2章　プロが教える資金管理の間違い

　第1節　「資金管理は守り」という考え方は× ——— 50
　　　　1）資金管理がなくても大丈夫?
　　　　2）資金管理では勝てない?

第2節　トレーダーには「投資家目線だけが必要である」という考え方は×　54
　　　1）投資家、経営者、労働者の視点
　　　2）資金管理に向き合うこと

第3節　「ロスカットは損失」という考えは×　──────────　60
　　　1）ロスカットを嘆くのではなく、ロスカットに感謝する
　　　2）自分のロスカット総額を知っていますか？

第4節　「損失を取り戻すのは難しくない」は×　──────────　67

第3章　資金管理で覚えておくべき基礎知識

第1節　理想的な収支曲線を知る　──────────　74
　　　1）ブレ幅の大きい資産曲線のパターンは×
　　　2）右肩上がりだが、ブレ幅の大きい資産曲線のパターンは注意
　　　3）右肩上がりで、かつ、ブレ幅の小さい資産曲線のパターンは◎

第2節　資産増加の正しいイメージを持つ　──────────　78
　　　1）夢想型
　　　2）加速型
　　　3）失速型
　　　4）右肩上がり型
　　　5）右肩上がり強化型

第3節　大数の法則と期待値の考え方　──────────　84
　　　1）大数の法則とは
　　　2）トレードの期待値について

第4節　モデルケース紹介　──────────　94
　　　1）モデルケースAさん（サラリーマン、兼業トレーダー）
　　　2）モデルケースBさん（専業主婦）
　　　3）モデルケースCさん（年金受給者）
　　　4）モデルケースDさん（事業家）

第5節　トレード改善方法　～ PF（プロフィットファクター）の最適化～　　98
　　　　1）期待値がプラスの手法の場合
　　　　2）期待値がマイナスの手法の場合
　　　　3）複利運用を味方につける

第6節　FXでは証拠金がすべて ──────────────────── 105

第7節　レバレッジとその活用術について ─────────────── 109
　　　　1）レバレッジとは「借金」のこと
　　　　2）レバレッジとは、キャッシュを確保すること
　　　　3）口座の最大レバレッジが高いと有利に働く
　　　　4）レバレッジは欲望計
　　　　5）レバレッジを上げてもよいときとは？
　　　　6）レバレッジという切り札を味方にする

コラム　トレードの欲 ──────────────────────── 76

第4章　資金管理の実際に必要な計算式

第1節　大前提：通貨ペアの表記の意味　～基軸通貨と決済通貨～ ── 120
　　　　1）例1：ユーロ／円の場合
　　　　2）例2：ポンド／豪ドルの場合

第2節　期待値の計算方法 ─────────────────────── 124
　　　　1）期待値を損益で計算したい場合
　　　　2）期待値を値幅（pips）で計算したい場合

第3節　平均コストの計算方法 ───────────────────── 125

第4節　ポジションサイズの計算方法 ───────────────── 130
　　　　1）「円」を含む通貨ペアの場合

   2）「円」を含まない通貨ペアの場合
   3）注目ポイント

  第5節 レバレッジの計算方法 ——————————————— 133
   1）エントリー時のレバレッジの計算方法
   2）注目ポイント
   3）現在のレバレッジの計算方法

  第6節 リスクリワードの計算方法 ————————————— 137

  第7節 損益の計算方法 ————————————————— 139
   1）「円」を含む通貨ペアの場合
   2）「円」を含まない通貨ペアの場合
   3）注目ポイント

  第8節 確認テスト ———————————————————— 142

  第9節 計算方法のまとめ ——————————————————— 161

コラム　pips表示について ——————————— 149

第5章　トレード許可証と実例紹介

  第1節 トレード許可証（7つの手順）————————————— 164
   1）トレード許可証①：ストップを置く（出口戦略1）
   2）トレード許可証②：平均コストを決める＆リスク許容（値幅）が決まる
   3）トレード許可証③：リミットを決める（出口戦略2）
   4）トレード許可証④：リスク許容（金額）を決める
   5）トレード許可証⑤：ポジションサイズを決める
   6）トレード許可証⑥：リスクリワード・レバレッジを計算する
   7）トレード許可証⑦：指値を分散する

第2節　実例① ──────────────── 174

　　第3節　実例② ──────────────── 200

　　第4節　実例③（実例②のサブシナリオ）──── 218

　　第5節　実例④ ──────────────── 229

コラム　トレードでは「万一」を考えてはダメ ──── 199

第6章　一攫千金を狙うための資金管理の考え方

　　第1節　建玉の考え方 ──────────────── 268
　　　　　１）リスク許容とポジションサイズとレバレッジの関係性
　　　　　２）肝となるのはリスク許容（金額＆値幅）の取り方

　　第2節　リスク許容の考え方 ──────────── 276
　　　　　１）チャート時間軸と会社組織
　　　　　２）チャート分析時の考え方
　　　　　３）リスク許容（ロスカット経費）の考え方
　　　　　４）費用対効果

　　第3節　増し玉の考え方 ──────────────── 281
　　　　　１）新規エントリー時の考え方
　　　　　２）エントリー後の考え方
　　　　　３）補う増し玉
　　　　　４）加える増し玉
　　　　　５）増し玉の考え方のまとめ

　　第4節　ピラミッディングをマスターする ──── 285

第5節　ドルコスト平均法は資金管理の必須知識 ―――― 294
　　　　1）ドルコスト平均法とは？
　　　　2）ドルコスト平均法は手法ではなく考え方
　　　　3）ドルコスト平均法による資金管理

コラム　ピラミッディングの罠 ―――― 292

第7章　「トレード手法」を「最高のトレード手法」に変えるのは資金管理

第1節　コツコツ負けてドカーンと勝つ ―――― 304

第2節　管理できるもの・管理できないもの ―――― 310

第3節　淡々とトレードする（一定を保つ） ―――― 314

第4節　トレード手法が悪い？（シンプルさを保つ） ―――― 316

第5節　テクニカルを変えるのではなく、資金管理を変える ―――― 320

第6節　実生活でも役立つ資金管理 ―――― 322

第7節　トレードで勝ち続けるために ―――― 324

巻末付録　「鹿子木式10の勝ちパターン」と「勝ちパターン1」について ―――― 327

あとがき ―――― 331

資金管理だけで勝てる理由

～第1節～
資金管理の真実

資金管理とは何か？

　これが最も重要な定義です。資金管理を具体的な作業に落とし込む前に、「資金管理とはそもそも何であるのか」という中心軸をはっきりさせておく必要があります。

　本書執筆にあたり、共著者である伊藤と鹿子木はこの問いを互いに投げかけたところ、その答えはすぐに出てきました。そして、それは必然の答えでした。

> **「資金管理とは、トレードのことである」**

　資金管理とはトレードそのもののことです。
　トレードとは資金管理そのもののことです。
　この意味がおわかりでしょうか。

　トレードをするとき、トレーダーは例外なく、次のことをしています。

◎ポジションサイズを決める
◎最終的に賭けるレバレッジを決める
◎ストップをどこに置くのか、それとも置かないのかを決める
◎損切りの判断＆利食いの判断をする

　意識していない人が多いでしょうが、このようにエントリーひとつとっても、実は資金管理を行っているのです。
　成行か、それとも指値かという注文方法ひとつにしても、平均コストの考え方が必要になります。ストップとリミットからリスクリワードを考え、リスク許容金額からポジションサイズを考えます。エントリー前からエグジットまでのすべてのプロセス、つまりトレード手順には資金管理の要素がすべて含まれているのです。
　そういう意味では、本来ならば、資金管理ができないとトレードもできないはずなのです。
　以上を踏まえると、トレードを始めることは資金管理を始めることであり、トレードを学ぶことは資金管理を学ぶことだと言えるのです。
　トレードとはすなわち資金管理のことです。トレードをしている以上、私たちは資金管理も行っているのです。

　きちんと考えられた資金管理であるか、それとも、無謀な資金管理であるか、ずさんな資金管理であるかなどは問題ではありません。
　とにかく「トレードをしている＝資金管理をしている」という事実に気づく必要があります。
　私たちトレーダーは取引に際して、いつも、どのような資金管理をするかを自分で選び、自分で決断しています。しかし、このことを自覚している人はほとんどいません。だから、大きな損失を出したときには、すべて自分で決めていたことであるにもかかわらず、自分にはまったく責任がないかのように「（自分は）知らなかった」と嘆きます。

命（余命） ＝ 時間

選ぶこと ＝ 捨てること

トレード ＝ 資金管理

まずいことにその自覚がありませんから、後悔してもまた同じことを繰り返してしまうのです。

「資金管理をしているか、していないか」という考え方ではなく、「良い資金管理をしているか、悪い資金管理をしているか」という考え方に変わるときに初めて、「自分の資金管理はなっていない」「このままではダメだ」「修正しなければ」という思いになることができます。

そうでなければ、「自分は資金管理がまだきちんとできていないだけ。資金管理をしたほうがいいが、今のままでも何とかなる」と錯覚して、失敗を延々と続けてしまうことになります。

「資金管理はトレードそのもの」だと自覚することで先に進めるのです。

～第２節～
資金管理はコントロールできる

１）外部要因と内部要因

　FXトレードを取り巻く環境を「外部要因」と「内部要因」に分けて考えてみます。

　外部要因とは外部環境のことです。具体的には、相場そのもの、相場心理、相場に影響を与える諸要素のことを指します。相場＝市場、と置き換えてもよいです。

　内部要因とは自分の行動を指します。エントリー判断やリスク許容、ポジションサイズ、レバレッジ、成行注文、指値注文、逆指値注文、平均コスト、リスクリワード、勝率、大数の法則、期待値、プロフィットファクター、利益確定、ロスカット、エグジット判断など、トレードにおけるすべての行動パターンはもちろんのこと、ひとつひとつの考え方やプロセスも意味します。

　簡単に言うと、「外部要因」＝「テクニカル分析」の領域であり、「内部要因」＝「資金管理」の領域だと言い換えることができます。
　すでにおわかりの通り、FXトレード環境の大部分を資金管理が占めています。つまり、トレードプロセスそのものが資金管理の要素で

あり、トレードのプロセスを管理することが資金管理なのです。

　FXの世界では、このトレード手順やプロセスについては、ほとんど触れられていません。実際、教えてくれる人はいないと思います。そういう意味でも本書が皆さまのお役に立てるなら幸いです。

2）資金管理は自分でコントロールできるものである

　外部要因となる、相場の値動きやチャートパターンなどの外部環境は、私たち自身では管理（コントロール）することはできませんが、通貨ペアや時間軸、エントリーするかしないかについては選ぶことができます。

　一方で、内部要因である行動パターンについては、私たち自身で管理（コントロール）することができます。
　トレードに晒すリスクの許容度やエントリーするためのポジションサイズ、注文方法、平均コスト、レバレッジなど、これらのことは自分で決めることができるのです。これが自己管理であり、資金管理です。

　「相場管理」「チャート管理」という表現には違和感がありますよね。実際、相場やチャートは管理できないものです（第7章でも説明します）。
　しかし、「自己管理」「資金管理」という行動パターンは違います。しっかり管理できます。自分できちんと取り組めば、その結果として、利益は自ずと残ります。

～第３節～
資金管理の４大要素

　序章での問いかけを覚えていますか？

「テクニカルだけで勝てるでしょうか？」
「テクニカルはなぜ必要なのでしょうか？」
「資金管理だけで勝てるでしょうか？」
「資金管理はなぜ必要なのでしょうか？」

　本節では、この問いのうち、「テクニカルだけで勝てる？」「テクニカルはなぜ必要？」について、「サイコロトレード」を例にして考えてみます。

１）３つの実験

条件①
サイコロを振り、偶数が出たら「買い」エントリー、奇数が出たら「売り」エントリーというトレードを行うとする

　まずこの時点では、エントリーはできるものの、エグジットの要素がないのでトレード自体が成立しません。資金管理の要素である出口戦略がないとトレードはできませんから、「テクニカルだけで勝て

る？」という問いに対する回答は「勝てない」どころか「トレードできない」になります。

条件②
エグジット条件を＋10pis で利益確定、－10pips で損失確定とする

　出口戦略であるエグジット条件が満たされたのでトレードが成立します。さらに、リスクリワードの要素も加わりました。このとき、勝率50％、リスクリワード１：１ということがわかります（この勝率とリスクリワードも資金管理の重要な要素です）。
　この状態でトレードを繰り返すことはできますが、勝率50％、リスクリワード１：１では、いずれ破産してしまいます（第２章で説明します）。

条件③
エグジット条件を＋20pips で利益確定、－10pips で損失確定とする

　条件を変えてリスクリワードを１：２としました。
　勝率が多少悪くなることが懸念されますが、単純に考えると、２回損失を確定しても１回の利益確定でカバーできることになります。４回損失を確定しても２回の利益確定でカバーできます。
　この場合、勝率を高く保つことがキーポイントになります。勝率33.4％以上を保っている状態であれば利益が残ります。つまり、リスクリワードが高ければ利益として残る確率が高まるということです。リスクリワードだけでも勝てるという理屈です。つまり、テクニカルとは無関係に資金管理だけでも勝てるということになります。

2）何が問題だったのか？

　条件②では、トレードを繰り返せば繰り返すほど「大数の法則（後述）」が作用し、勝率50％に収束していきます。勝率50％、リスクリワード1：1では証拠金が増えていく要素がありません。
　条件③では、利益が残る確率は高く、資金管理だけでも勝てます。しかし、勝率がわからず、勝つ要素を考えてみても、リスクリワードだけしか思い浮かびません。
　ここで、皆さんにも考えていただきたいと思います。以上のことは、どこに問題があるのでしょうか？　そして、どうすればよいのでしょうか？
　実は、資金管理において重要な以下の4つの要素がまだ欠如しているところに問題があります。

①**リスク許容**
②**勝率**
③**ロスカット**
④**リスクリワード**

　それぞれ解説していきます。

①**リスク許容について**
　まず、ひとつ目の問題として、「リスク許容」の要素が抜けている点が挙げられます。「証拠金に対してどれだけのリスクを許容してトレードするか」という、最も大切な要素が抜けてしまっているのです。
　条件②では出口戦略が決まっているものの、最大損失金額であるリスク許容金額を決めていません。したがって、ポジションサイズも決まりません。毎回毎回デタラメなポジションサイズでトレードを繰り返すことには根拠がありませんから、必然的に、賢明なトレードとは

かけ離れたものになってしまいます。

　リスク許容から適正なポジションサイズを決めていない、つまり、適正なレバレッジコントロールがなされていないため、いつ破産してもおかしくない状態にあります。ときには大きな利益になることもあるでしょうが、致命的な損失になる可能性も存在しています。莫大な利益と致命的な損失を天秤にかけたハイリスクなトレードを常にしていると、トレードを繰り返す中で、いつか必ず破綻してしまいます。

②**勝率について**

　２つ目の問題は「勝率」の要素です。どういうことかというと、サイコロを使ったトレードでは、相場に対してエントリーの判断基準が一定でなく曖昧であることが問題なのです。

　そこで「テクニカルはなぜ必要なのでしょうか？」の問いに、以下のように答えることができます。

◎テクニカルはエントリーの判断基準となる必要があります。そして、いつも一定の判断ができる必要があります

◎存在する多くのテクニカル手法やテクニカルインジケータが指し示すのは、「終値」を加工したものがほとんどです。過去の値動きや終値から勝率の高いチャートパターンを指し示すものです。過去の値動きや終値を加工していることから「遅行指標」として使われます。過去の普遍的な法則が未来にも繰り返し再現される確率が高いものを一定の基準として用いています

つまり

「勝率を高めるため、過去の値動きを参考にして基準を明確にし、一定の判断ができるようにするため」に、テクニカルは必要

そうです、テクニカルは資金管理を補うためのツールなのです。サイコロの例は基準が曖昧でしたね。勝率も大数の法則から50％に収束することがわかっているため期待できません（どんなに良くてもプラスマイナスゼロ）。つまり、勝率ではなく、リスクリワードで勝つしかありません。

③ロスカットについて

　条件①ではロスカットの要素がありませんでした。これが3つ目の問題です。トレードではロスカットが重要な役割を果たします。自動でロスカットしてくれる「ストップ」を置くことで損失を限定することができます。損失が小さいうちに手動で損失を確定してしまうことも可能です。

④リスクリワードについて

　「リスクリワードの要素」も抜けています。これが4つ目の問題です。
　ロスカットの項で登場した「ストップ」は、リスクリワードを考えるうえでも非常に重要です。ストップとリミットの値幅からリスクリワードの高いトレードを狙うこともできます。つまり、ストップは、「ロスカット」の要素と「リスクリワード」の要素のいずれにも関わってくるのです。

　以上をまとめると、以下の4つの要素がトレードにおいて最も重要だと言えます。

◎リスク許容の要素
◎勝率の要素
◎ロスカットの要素
◎リスクリワードの要素

そして、この4つの要素がバランスよく保たれるときに利益が残ります。すなわち、資金管理だけで勝てるということです。

3）資金管理に欠かせないもの

資金管理で最も重要な要素は、

◎リスク許容の要素
◎勝率の要素
◎ロスカットの要素
◎リスクリワードの要素

だということをお伝えしました。

破産する人に共通していることは、以下のうちの複数が当てはまることです（全部当てはまる場合もあります！）。

①リスク許容が適正でない
②勝率が低い
③ロスカットできない
④リスクリワードが1：1以下である

トレードがうまくいかない人は、決してテクニカル分析や手法に問題があるわけではなく、資金管理の4つの要素に問題を抱えているのです。
この4つは、実際のトレードでは以下のことを指します。

① 「リスク許容の要素」＝「レバレッジコントロールのこと」

　この問題は、ポジションサイズを減らせば解決します。最大損失金額を設定することで、ストップが約定したとき、その損失金額に驚愕することのないように準備しておく必要があります。損失金額をあらかじめ自分で設定しておくことで、それ以上の損失に膨らまないように設定します。

② 「勝率の要素」＝「自分に有利な環境や展開に投じること」

　勝率が高く、利益が残る勝ちパターンのときにだけエントリーすることで、この問題は解決します。自分にとって使いやすく、かつ、明確な基準と優位性のあるテクニカルツールで補うのがよいでしょう。特にわかりやすく、おいしいところだけでトレードすることで勝率の要素が引き立ちます。

③ 「ロスカットの要素」＝「損失の確定」

　ストップを置くことで、この問題は解決します。機械的にロスカットとなるからです。損失を確定しなければ、必要以上に含み損が膨れ上がるだけでなく、次のチャンスに資金を投じることもできなくなります（＝次のチャンスに投じるための資金が減ります）。

④ 「リスクリワードの要素」＝「ストップを置けるときのみエントリーすること」

　リスクリワードを高めるには、ストップを使えばいいのです。ストップが決まらないのにエントリーするようなことは避けるべきです。
　このとき、ストップが約定したときの損失額よりも、リミットが約定したときの利益額が大きくなるように資金を投じることができれば、勝率の要素がさらに引き立ちます。私たちは常にリスクリワード１：１以上を狙ったトレードを考える必要があります。

資金管理とは、ズバリこれだけのことなのです。この4つをトレードに取り入れることができないと、不確実要素が蔓延(まんえん)するトレードの世界では生き残れません。このことは肝に銘じてください。

～第4節～
資金管理はなぜ必要？
資金管理だけで勝てる？

　序章で問いかけた以下の4つの項目のうち、本節では、「資金管理だけで勝てるのでしょうか？」と「資金管理はなぜ必要なのでしょうか？」についてそれぞれ解説します。

「テクニカルだけで勝てるのでしょうか？」
「テクニカルはなぜ必要なのでしょうか？」
「**資金管理**だけで勝てるのでしょうか？」
「**資金管理**はなぜ必要なのでしょうか？」

1）資金管理だけで勝てるのでしょうか？

　資金管理はトレードで勝つための前提条件です。「守り」という消極的な考え方ではなく、「攻め」の考え方にほかなりません。
　4大要素である「①リスク許容の要素」「②勝率の要素」「③ロスカットの要素」「④リスクリワードの要素」がバランスよく保たれていれば資金管理だけで勝つことができます。本来、この4つの要素を循環させながら利益を残していくのがトレードです。あくまで資金管理がベースであり、その上にテクニカルを積み上げることが「勝てるトレードの考え方」です。
　資金管理の4大要素が身についてさえいれば、どんなテクニカルを

使っても勝てるはずです。

２）資金管理はなぜ必要なのでしょうか？

　資金管理の要素がなければトレードが成立しないことについては、すでに説明した通りです。

　トレードとは証拠金を投じて利益を得る投資活動のことです。しかも、一度切りでなく、何度も何度も繰り返す投資活動です。つまり、投資活動には、それを支える元本が必要になります。

　また、勝率100%はあり得ません。だからこそ、元本を減らさないためにも、資金管理が必要なのです。不確定要素のある土俵でリスクに晒される以上、資金管理は必須項目です。

～第5節～
資金管理で勝つために必要な勝率とリスクリワードの関係

　本節では、リスクリワードについて説明します。
　リスクリワードとは損失と利益の比率のことです。例えば、損失1万円、利益2万円を見越したトレードであれば、リスクリワード＝1万円：2万円となり、リスクリワード1：2と表します。

リスク　　　リワード

許容損失 3万円	期待利益 6万円

1：2

さらに、勝率とリスクリワードについて考えてみましょう（※平均パフォーマンスとは資金の増減のこと）。

例①勝率50% リスクリワード１：２
リスク＝証拠金の1% リワード＝証拠金の２％（単利）

> ◎100回取引をした場合　平均50勝50敗
> 利益＝２％×50勝＝100%　→　100万円の利益
> 損失＝１％×50敗＝50%　→　50万円の損失
> 平均パフォーマンス＝50%　→　50万円の増加

証拠金が100万円の場合、150万円に増加します。

> ◎200回取引をした場合　平均100勝100敗
> 利益＝２％×100勝＝200%　→　200万円の利益
> 損失＝１％×100敗＝100%　→　100万円の損失
> 平均パフォーマンス＝100%　→　100万円の増加

証拠金が100万円の場合、200万円に増加します。

> ◎300回取引をした場合　平均150勝150敗
> 利益＝２％×150勝＝300%　→　300万円の利益
> 損失＝１％×150敗＝150%　→　150万円の損失
> 平均パフォーマンス＝150%　→150万円の増加

証拠金が100万円の場合、250万円に増加します。

例②勝率50%　リスクリワード１：２
リスク＝証拠金の0.5% リワード＝証拠金の1%（単利）

```
◎ 100回取引をした場合　平均50勝50敗
  利益 = 1% × 50勝 = 50%    →  50万円の利益
  損失 = 0.5% × 50敗 = 25%  →  25万円の損失
  平均パフォーマンス = 25%   →  25万円の増加
```

証拠金が100万円の場合、125万円に増加します。

```
◎ 200回取引をした場合　平均100勝100敗
  利益 = 1% × 100勝 = 100%   →  100万円の利益
  損失 = 0.5% × 100敗 = 50%  →  50万円の損失
  平均パフォーマンス = 50%    →  50万円の増加
```

証拠金が100万円の場合、150万円に増加します。

```
◎ 300回取引をした場合　平均150勝150敗
  利益 = 1% × 150勝 = 150%   →  150万円の利益
  損失 = 0.5% × 150敗 = 75%  →  75万円の損失
  平均パフォーマンス = 75%    →  75万円の増加
```

証拠金が100万円の場合、175万円に増加します。

例③勝率60%　リスクリワード１：２
リスク＝証拠金の0.5％　リワード＝証拠金の1％（単利）

> ◎ 100回取引をした場合　平均60勝40敗
> 　利益＝1％×60勝＝60％　→　60万円の利益
> 　損失＝0.5％×40敗＝20％　→　20万円の損失
> 　平均パフォーマンス＝40％　→　40万円の増加

証拠金が100万円の場合、140万円に増加します。

> ◎ 200回取引をした場合　平均120勝80敗
> 　利益＝1％×120勝＝120％　→　120万円の利益
> 　損失＝0.5％×80敗＝40％　→　40万円の損失
> 　平均パフォーマンス＝80％　→　80万円の増加

証拠金が100万円の場合、180万円に増加します。

> ◎ 300回取引をした場合　平均180勝120敗
> 　利益＝1％×180勝＝180％　→　180万円の利益
> 　損失＝0.5％×120敗＝60％　→　60万円の損失
> 　平均パフォーマンス＝120％　→　120万円の増加

証拠金が100万円の場合、220万円に増加します。

以上の3つの例から次のことが言えます。

◎損失のブレ幅が小さいほうが有利
◎勝率が高いほうが有利
◎利益＞損失となればさらに有利

これらが揃っていれば、安心してロスカットできます。資金管理の4大要素を思い出してみてください。

①損失のブレ幅が小さいほうが有利→リスク許容の要素
②勝率が高いほうが有利→勝率の要素
③安心してロスカットしてもよい→ロスカットの要素
④利益＞損失となればさらに有利→リスクリワードの要素

　勝率を求めるか、リスクリワードを求めるかは、現実問題として、悩ましいところです。実際のトレードでは、高い勝率を保ちながらリスクリワードも大きくすることは困難かもしれません。
　勝率を上げるが故にリスクリワードが小さくなり、リスクリワードを上げるが故に勝率が下がることが懸念されます。
　例えば、ストップを近くに置けば、より大きなリスクリワードが狙える反面、ストップの約定する確率が高まり、結果的に勝率が下がることにつながります。
　一方、ストップを遠くに置き、リミットを近くに置くと、ストップの約定する確率が下がり、リミットが約定する確率が上がります。しかしこの場合、リスクリワードが悪く、仮にストップが約定すれば、得られたであろうリターンよりも大きな損失となりかねません。

　勝率が重要か、リスクリワードが重要かということを議論しても答

えは出ません。ならば、"そこ"に目を向けるのではなく、資金管理の４大要素すべてをバランスよく取り入れることで利益を残す考え方を軸にするほうが現実的と言えます。

　勝率が高いだけでは利益は残りません（そもそも勝率100％なら資金管理は必要ありません）。

　また、リスクリワードが大きいだけでも利益は残りません。適正なリスク許容でなければ数回のトレードで破産してしまいます。ロスカットできなければ次に進めないのです。

　私たちは、資金管理以外、自分のトレードを調整する術を持ちません。言い換えると、トレードで調整できることは資金管理の領域だけだということです。あれもこれもとテクニカル指標を変えてみても、ベースである資金管理ができていなければ利益にすることはできないのです。

プロが教える資金管理の間違い

～第1節～
「資金管理は守り」という考え方は×

1）資金管理がなくても大丈夫？

①資金管理は具体的でなければならない

　多くのFXトレーダーの中での資金管理のイメージは、「重要だけれども、資金管理がなくても死なない（困らない）」というものではないでしょうか？

　資金管理という言葉は知っているし、重要だということもわかっている（つもり）。しかし、具体的に「資金管理とは何か？」と問われると答えられない自分に気づく。これが、一般的なFXトレーダーの現実ではないかと思うのです。

　「気をつけることが資金管理だ」と真剣に信じている人もいるかもしれません。

　しかし、気をつけるといっても、具体的に「何」に気をつけるのでしょうか？

　証拠金を飛ばさないように気をつけるのでしょうか？

　そもそも、気をつけるという行動で何が変わるのでしょうか？

　気をつけるとは、何を指しているのでしょうか？

　気をつけるという種類の行動が、具体的にあるのでしょうか？

例えば、戦場では、判断ミスをした結果、部隊全員の命が失われることもあります。このとき、「今後、気をつけます」で済まされることはありません。
　また、人命や国益に関わる重要な任務を命じるときも、「気をつけるように」といった抽象的な指示だけで終わることはあり得ません。重要な命令や注意事項は具体的でなければならないからです。

　資金管理はどうでしょうか？　投資家の命とも言える投資資金を扱うときのルールです。資金管理次第で、その投資家が生き残るか、死んでいくかが決まってしまうほど、重大な任務です。ですから、資金管理は具体的でなければなりません。

　その点を踏まえて、本書では資金管理を具体的に定義づけ、資金管理の範囲を確定し、その行動指針を具体的に示していきます。
　本書を読めば、資金管理とは何であるのかを理解でき、資金管理を行動に移し、資金管理によってトレードを改善する（損失を減らし利益を増やす）ことができると思います　資金管理そのものを論じることではなく、資金管理というアクションを起こすことで読者の皆さんに大きな利益を得てもらう。それが本書の目的です。

②間違った資金管理の概念を壊す

　資金管理には、他にもさまざまな「誤解」や「間違った概念」があるようです。
　そのひとつが、「資金管理は消極的」という考え方です。資金管理で損失を減らせるかもしれないが、利益を増やせるわけではない。資金管理という行動を起こせば、利益も犠牲になってしまう。そのように考えているトレーダーが少なくないかもしれません。

しかし、これは大きな間違いです。

資金管理を正確に表現すると、「損益のボラティリティをコントロールする」ということになります。利益は損失の裏返しであり、損失は利益の裏返しです。そうであるならば、資金管理で損失だけをコントロールするということはあり得ません。**損失額をコントロールすると同時に、利益額をもコントロールできるのが、資金管理です。**利益額をコントロールするとは、利益を減らすということではなく、減らすことも増やすこともできるということです。

相場に上昇と下落の両面があるように、投資にも利益と損失の両面があります。そして、増やすことと減らすことの両面があります。資金管理の要諦は、これら両面をボラティリティとしてとらえ、適切にコントロールしていくことにあるのです。

2）資金管理では勝てない？

次に、「資金管理では勝てない」という考え方について解説します。

資金管理では勝てないと考える人は、無意識のうちに資金管理と手法を分けています。

しかし、実は、資金管理と手法は一体で、切り離すことのできないものなのです。

資金管理の伴っていない手法は、ただの相場当てゲームにすぎません。それを、私は「遊び」と思っています。

資金管理がなければ、その手法の本当の威力が発揮できないという、単純な話だけではありません。そもそも、資金管理を無視すれば、誰でもすごい手法を考えつくことができるのです。

なぜなら、資金管理を考慮しなければ、「ここで買って」「ここで売って」を当てるだけでいいからです。証拠金が増えなくても構いません。ただ、勝率が50％以上であればよいのです。損切りは関係なく、

大きく動くトレンド相場でポジションを持てればよい、ということになってしまいます。

実は、世の中に出回っている商材（手法）のほとんどは、資金管理を前提としていません。良心的な商材でも、申し訳程度に、「資金管理は大事です」と付け足して言っているだけです。

資金管理を考えなくてもいいなら、"すごい手法"を考えつくことは、誰にでもできるということは覚えておいてください。

～第2節～
トレーダーには「投資家目線だけが必要である」という考え方は×

1）投資家、経営者、労働者の視点

「経営者の立場で投資せよ。投資家の立場で経営せよ」。これは私が自分自身の投資や経営で指針としている言葉です。

投資家はB/S（バランスシート、貸借対照表）を重視し、経営者はP/L（損益計算書）を重視する傾向があります。

投資家にとっての関心事は何かというと、企業の目先の売上や利益ではなく、自分が投資した資本が増えるかどうか、です。資本が増えるとは、すなわち、株価が上がり、企業の時価総額が大きくなるということにほかなりません。

一方で、経営者は、株価よりも売上や利益という「目に見える経営の結果」を重視します。株価が上がっても投資家（株主）が喜ぶだけです。経営者にとっては、現金を増やして経営者としての手腕を発揮できていることのほうが大切なのです。

時に、投資家と経営者の間で利害が対立することもあります。例えば、増資（株式の追加発行）によって資金を調達してキャッシュを確保しようとするケースがそうです。増資すれば、1株当たりの利益が希薄化するので、投資家にとっては好ましいことではありません（多くの場合、株価は下がります）。しかし、経営者としては、増資によって獲得したキャッシュを投資にまわして業績を上げたいのです。

このような対立を極力避け、より大きな目的地に到達するために協力関係を築くことが、ビジネスを成功させるためには欠かせません。両者ともに運命共同体だからです。

　トレーダーはどうでしょうか？
　実は、投資家と経営者だけでビジネスは成り立ちません。労働者（社員、従業員、スタッフ）も必要です。この三者がそれぞれ責任を果たし、バランスよく受益者としての恩恵にあずかることで、会社は健全に成長していきます。
　この３つの役割のうち、トレーダーには、投資家と経営者の視点が求められます。投資家の視点については言うまでもありませんが、資本を使って利益を上げていくという点では、経営者そのものです。
　しかし、デイトレーダーなどのように、日銭を稼ごうとする人々の場合、トレードという投資行為をしているにもかかわらず、目先の収入が気になり、知らず知らずのうちに投資家というよりも労働者として行動しているケースがあります。
　チャートや相場という"会社"に雇用されて、あるいはチャートという"上司"に常時拘束され、チャートのために働いている労働者です。
　もちろん、労働が悪いわけではありません。しかし、もともと労働者の立場から解放されるために専業トレーダーになった人々が、雇用主が"会社"から"チャート"に変わっただけという状況に陥っているのを見ると、彼らが目指していたのはそんなことだったのかなと複雑な思いになります。

２）資金管理に向き合うこと

　さて、投資家と経営者の視点を持つということは、具体的には、資金管理を変えるということ以外の何物でもありません。トレードとい

う「事業の資金管理」に無関心な労働者をやめて、真剣に資金管理に向き合い、業績に責任を持つということです。以下、まとめてみましょう。

フレームワーク	最も重視すること	ポイント
投資家的視点	B/S 長期的な事業価値の上昇	証拠金の増加
経営者的視点	P/L 売上と利益の増加	利食いと損切りを回す

　投資家の視点では、中長期的な証拠金の増加を最も大切にします。目先の利食いや損切りに一喜一憂することはありません。

　経営者の視点では、売上と利益の増加を最も大切にします。売れる商品をしっかり開発し、マーケティングし、人材を育成していくのです。1回の利食いとは、商品が1個売れたということを意味します。1回の損切りとは、商品を売るためにかけた必要経費のことを指します。経営者なら、原価ゼロ、従業員の給料もゼロで売上だけを伸ばそうなどという考え方は、馬鹿げたことだとわかるでしょう。

　しかし、投資家の視点も経営者の視点もない労働者トレーダーには、そのイメージがわかないのです。

◎利食い
◎損切り
◎証拠金の増加

という3つの要素は、トレーダーにとって最も基本的な事柄であり、かつ、最も高度な事柄でもあります。

戦略的に、どのように利食いし、どのように損切りし、その結果どのように証拠金を増やすのか。それが資金管理の要諦です。この3つの要素はすべて、同じように大切です。

　特に、心していただきたいのは、「損切りはできるだけ避ける」は決して正解ではないということです。正解でないばかりか、致命的な間違いです。
　損切りは必要です。損切りを適正に保ちつつ、利益をそれ以上に出して、結果として証拠金を増やすのがトレードです。投資家は証拠金の増加曲線をいかに最適化するかに関心を寄せ、経営者は利食いと損切りのバランスをいかに最適化するかに関心を寄せるのです。

◆【損益計算書（P/L）】の考え方

◎収益＞費用で利益が残る
◎ロスカットは損失ではなく経費（言い聞かせるものではなく、実際に経費）

損益計算書（P/L）

費　用	収　益
当期純利益	

【貸借対照表（B/S）】の考え方

◎バランスよく負債を活用しながら、資産を増やしていく
◎バランスよくポジションを取りながら、証拠金を増やしていく

～第3節～
「ロスカットは損失」という考えは×

1）ロスカットを嘆くのではなく、ロスカットに感謝する

　安心してロスカットができるようになるには、ロスカットは必要経費だということを理解する必要があります。第1章45ページのリスクリワードの例③を思い出してみましょう。

◆ 300回取引をした場合

　平均 180 勝 120 敗
　利益＝ 1％ × 180 勝＝ 180％　→ 180万円の利益
　損失＝ 0.5％ × 120 敗＝ 60％　→ 60万円の損失

　平均パフォーマンス＝ 120％となります。証拠金が100万円の場合、220万円に増加します。
　例③では、60万円の損失が計上されています。60万円分のロスカットをしているという意味です。勝率60％なら、40％はロスカットです。
　以上のことは至極当然のことなのですが、この事実を受け入れるこ

とができないトレーダーが多いのではないでしょうか？　この例の場合、180万円が売上であり、60万円が経費ということです。売上180万円から経費60万円を差し引いた120万円が利益として残る計算です。

「利益が残る」という考え方は、「ロスカットは必要経費」ということを理解する助けになります。決して、思い込むもの、言い聞かせるものといったたぐいの精神論やメンタル論ではなく、合理的かつ論理的な正論です。

　多くのトレーダーは利益確定時に感謝することはできても、損失確定時に感謝することはできないと思います。

　また、損失を出すと罪悪感を覚え、自分は悪いことをしたと錯覚し、ロスカットは悪いことという感覚に陥りやすくなります。

　でも、このような考え方は正しいものではありません。なぜなら、ロスカット自体はトレードするうえで欠かせない正しい行動だからです。

　損失を出すことが悪いという考えでいると、ロスカットするたびに自分を責め、セルフイメージを落とすことになります。

◆ロスカットの考え方（ロスカットは必要経費）

・安心してロスカットする
・ロスカットは方向転換するチャンス
・チャンスは何度でもある
・ロスカットを後悔しない、後悔しないためにロスカットする
・残った証拠金に焦点を当てる
・ロスカットに感謝する

自己評価が低い人は、ロスカットすることに躊躇(ちゅうちょ)します。なぜなら、自己評価が低い人は、お金や友人など自分以外のものが自分自身の価値に直結していると感じているからです（健全なセルフイメージを持っている人は「お金や地位などは自分を飾るための表面的な要素にすぎない」と本能的に知っています）。お金を失うことは自分の価値を下げることだと感じるので、ロスカットに抵抗してしまうのです。

　成功した起業家たちにセルフイメージの高い人が多いのも、実は偶然ではありません。彼らは何度も失敗しているので、お金を失うことを恐れません。一度失敗しただけで「自分はダメな人間だ」と思ってしまったら、次のチャレンジなどできません。

　証拠金の増減と自分自身の価値は、切り離して考えることが必要です。ロスカットでいちいち身を切るような痛みを感じていては、その先に進めないからです。

　むしろ、この程度の損失で済んで良かった。しっかりと損失を限定して確定させることができた。まだ、十分証拠金が残っているのでトレードを繰り返すことができる、と感謝できるでしょうか？　失った証拠金に焦点を当てるのではなく、残った投資資金にきちんと焦点を当てることができるでしょうか？

　ロスカットは次のチャンスに向かうための方向転換のサインです。しかも、そのチャンスは何度でも与えられます。いつでも方向転換できるのです。

　ロスカットして後悔する必要はありません。相場がどう動くかは、誰にもわかりません。「あぁ、あのときに損切りしていれば、大損しなくて済んだのに（もしくは、退場させられることはなかったのに）」と後悔しないために、私たちはロスカットするのです。ロスカットを素直に受け止め、健全な考え方を身につけると、ロスカットへの抵抗、ポジションへの執着が軽減されるはずです。

2）自分のロスカット総額を知っていますか？

　皆さんは、ご自分のFX口座の取引履歴をしっかりご覧になったことはありますか？　そして、年間いくらの損失を出しているか、把握していますか？

　証拠金は人それぞれですが、例えば100万円の証拠金で運用している人は、およそいくらのロスカットを、年間を通じて行っているのでしょうか？　証拠金1000万円の人はどうでしょう？　また10万円の人はどうでしょう？

　仮に100万円の証拠金としましょう。
　1回のトレードで0.5％のリスクを取るならば、5000円のロスカットです。勝率6割として、月に30回エントリーすると仮定すれば、12回のロスカット。つまり、6万円（12回×5000円）分のロスカットをしています。年間だと72万円（6万円×12カ月）です。100万円の証拠金に対して、年間72万円のロスカットです。

　では、利食いはどうでしょうか？　勝率6割なので、月に18回（30×0.6）の利食いです。リスクリワード1：1で、同じく5000円の利食いとした場合、9万円／月の利食い、年間にすると108万円（9万円×12カ月）の利食いとなります。

　証拠金100万円に対して、72万円のロスカット、そして108万円の利食い。計算式は、100 − 72 ＋ 108 ＝ 136万円。100万円が136万円に増えます。年利36％です。

　どうでしょうか？　上記のトレードが無理なトレードだとは誰も思

わないでしょう。

　リスク許容は0.5％、勝率もたかだか6割、リスクリワードも1：1です。この条件で36％も増えるのです。

　勝率がもっと高く、リスクリワードがもっと高く、エントリー回数がさらに多いならば、証拠金増加率はいっそう大きくなります。

　ここで言いたいことは、36％増えるということではありません。36％増えたことの裏で、見落としがちですが、72万円（証拠金総額の72％）をロスカットしているという事実です。36万円の利益を獲得するために、実は、倍の72万円のロスカットをしているのです。

　今回の例は、リスクを最小限に抑えた場合での数字です。一般のトレーダーは、100万円の証拠金に対して、年間200万円も300万円もロスカットしていると思われます。勝っている人は、それに対して利食いは300万円だったり400万円だったりします。

　100万円という自己資金に対して、ロスカット200万円なんて、すごいと感じませんか？　しかし、これが資金を回すということであり、経営者的な視点、また投資家的な視点ということになります。

　少し汚い話をすることをお許しください。

　みなさんが1年間に、口から摂取している飲食物の総量は、いったいどれくらいだと思いますか？

　1日に、飲み物を1リットルは飲みますよね。

　調理された（水分も含む）固形物を1キログラムは食べますよね。

　最低2kgとして、年間730kg（2kg×365日）。体重73kgの人は、少なくとも自分の体重の10倍は食べています。

　一方、排せつする量はどうでしょうか？　単純計算のために汗やその他の経路は無視すると、体重が増えないとするならば、同じく730

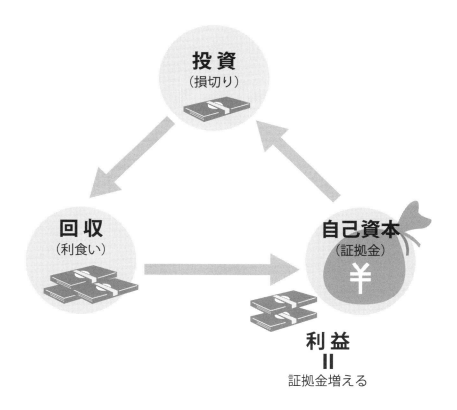

この図は、58ページの損益計算書（P/L）と59ページの貸借対照表（B/S）をひとつにまとめ、お金の流れとお金が増える仕組みを可視化したものです。回収額（利食い）を増やすためには投資額（損切り）を増やす必要があります。ただしその「絶対条件」は、利食い額が損切り額より多いことです。お金を回しながら証拠金を増やしていくのです

kg分排せつしていることになります。体に対してこれだけの食物の流れが起きているのです。

　証拠金に対してもそうです。100万円の証拠金だから20万円くらいのロスカットなんて考えたら大間違いです。実際は100万円単位でロスカットしています。勝っている人の収益はもちろん、それ以上です。そして利益が10％程度残ります。
　これが、投資家や経営者がよく気にする「自己資本利益率（ROE）」です。トレードにおけるROEが、企業のROEに比べて極端に異なるわけではありません。

　むしろ100万円の証拠金に対して20万円のロスカットしかしていないとすれば、それは異常なことだと言えます。もっとロスカットして、「投資」すべきなのです。そうでないと、利益は上がりません。

　「利益率10％」という言い方を聞いたことがありますか？　ここではあえて簡単に説明します。
　売上が1億円だったとします。9000万円を損金（経費）として処理したとします。この場合、利益は残った1000万円です。
　十分な利益です。トレードにおけるロスカットは、この9000万円の部分です。売上1億円が利食いの部分です。利益が1000万円です。証拠金を1000万円増やすために、9000万円ロスカットするのです。

～第4節～
「損失を取り戻すのは難しくない」は×

　今、投資資金が100万円あるとします。この資金が10％、つまり10万円分、減ったとします。何％取り戻せば、元に戻るでしょうか。
　一見、目減りした10％分を取り戻せば、元に戻ると思えます。でも、よく考えてみてください。資金が10％減ったことで、投資資金は90万円に減っています。90万円の10％は9万円です。ということは、10％取り戻しただけでは足りないのです。この場合、11％取り戻さないと元には戻りません。

損失を取り戻す困難

損　失	必要なリターン（％）
10 %	11 %
20 %	25 %
30 %	43 %
40 %	67 %
50 %	100 %
60 %	150 %
70 %	233 %

このことを、以下の条件で確認してみましょう。

> 【証拠金100万円　勝率50%の例（単利）】
>
> ◆ 10回の取引で5勝5敗
> ケース①：リスク10%　リワード10%
> ケース②：リスク20%　リワード20%

次ページの上段を見てください。結果はどうでしょうか？　5勝5敗でも結果は元本割れしていますね。10勝10敗ならどうでしょう？100勝100敗ならどうなるでしょうか？

勝率50％だからといって、交互に勝ったり負けたりするわけではありません。勝ちが先行することもあれば、負けが先行することもあります。その中で当然連勝も連敗も起こります。

いずれにしても、証拠金を失った後に、（失ったものを）取り返すのは困難だということを、数字で見て理解するのが早いでしょう。5連勝した後に5連敗しても、5連敗した後に5連勝しても証拠金の残高は同じになります。

注目すべきは、勝率50％でリスクリワード1：1でも証拠金が目減りしている点です。

次ページの下段を見てください。これは、20回トレードを繰り返したシミュレーション結果です。繰り返すほどに証拠金は目減りしていきます。これが勝率50％、リスクリワード1:1でも破産するロジックです。

◆ケース①（10回まで）

| 証拠金 | ￥1,000,000 | リスク | 10% |
| 勝率 | 50% | リワード | 10% |

1	勝ち	￥1,100,000
2	勝ち	￥1,210,000
3	勝ち	￥1,331,000
4	勝ち	￥1,464,100
5	勝ち	￥1,610,510
6	負け	￥1,449,459
7	負け	￥1,304,513
8	負け	￥1,174,062
9	負け	￥1,056,656
10	負け	￥950,990

1	負け	￥900,000
2	負け	￥810,000
3	負け	￥729,000
4	負け	￥656,100
5	負け	￥590,490
6	勝ち	￥649,539
7	勝ち	￥714,493
8	勝ち	￥785,942
9	勝ち	￥864,536
10	勝ち	￥950,990

◆ケース①（20回まで）

| 証拠金 | ￥1,000,000 | リスク | 10% |
| 勝率 | 50% | リワード | 10% |

1	勝ち	￥1,100,000
2	勝ち	￥1,210,000
3	勝ち	￥1,331,000
4	勝ち	￥1,464,100
5	勝ち	￥1,610,510
6	勝ち	￥1,771,561
7	勝ち	￥1,948,717
8	勝ち	￥2,143,589
9	勝ち	￥2,357,948
10	勝ち	￥2,593,742
11	負け	￥2,334,368
12	負け	￥2,100,931
13	負け	￥1,890,838
14	負け	￥1,701,754
15	負け	￥1,531,579
16	負け	￥1,378,421
17	負け	￥1,240,579
18	負け	￥1,116,521
19	負け	￥1,004,869
20	負け	￥904,382

1	負け	￥900,000
2	負け	￥810,000
3	負け	￥729,000
4	負け	￥656,100
5	負け	￥590,490
6	負け	￥531,441
7	負け	￥478,297
8	負け	￥430,467
9	負け	￥387,420
10	負け	￥348,678
11	勝ち	￥383,546
12	勝ち	￥421,901
13	勝ち	￥464,091
14	勝ち	￥510,500
15	勝ち	￥561,550
16	勝ち	￥617,705
17	勝ち	￥679,476
18	勝ち	￥747,423
19	勝ち	￥822,166
20	勝ち	￥904,382

同じように今度はトレードに晒すリスクを10％から倍の20％に増やしてみました（次ページ上段参照）。
　リスク10％の場合と比べると、その差は歴然です。また、連敗時にも耐えられる資金管理が必要なことがわかります。1トレード当たりのリスクが高すぎると、連敗時には加速度的に資金を失うことになります。当然、繰り返すほどに破産する確率が高まります。たった20回目にして664,833円まで証拠金を減らすことになります（次ページ下段参照）。

　これまでの話を踏まえて、もう一度、以下のことを確認してください。

◎ブレ幅の小さいほうが有利（リスク許容の要素）
◎勝率の高いほうが有利（勝率の要素）
◎安心して損失を出してもよい（ロスカットの要素）
◎利益＞損失ならさらに有利（リスクリワードの要素）

　今回紹介した話は説明をわかりやすくするための極端な例です。とはいえ、損失を繰り返す過程で、損失を取り戻そうとしてさらにレバレッジを上げて連敗すると、最終的に取り返しがつかなくなることは、普遍的な帰結です。それはあたかも、借金を返済するためにさらに大きな借金を繰り返す人の末路のようなものです。
　どちらの例でも、負けが先行するような条件では、元本のほとんどを失ってしまっています。仮に、元本の半分を失ってしまう事態になれば、再起しようとするメンタルも同時に崩れてしまうのではないでしょうか。そうなれば自滅はもう遠くありません。

　資金を大きく失うと、自暴自棄になり、セルフイメージも低くなり、

◆ケース②（10回まで）

	証拠金	¥1,000,000		リスク	20%
	勝率	50%		リワード	20%

1	勝ち	¥1,200,000
2	勝ち	¥1,440,000
3	勝ち	¥1,728,000
4	勝ち	¥2,073,600
5	勝ち	¥2,488,320
6	負け	¥1,990,656
7	負け	¥1,592,525
8	負け	¥1,274,020
9	負け	¥1,019,216
10	負け	¥815,373

1	負け	¥800,000
2	負け	¥640,000
3	負け	¥512,000
4	負け	¥409,600
5	負け	¥327,680
6	勝ち	¥393,216
7	勝ち	¥471,859
8	勝ち	¥566,231
9	勝ち	¥679,477
10	勝ち	¥815,373

◆ケース②（20回まで）

	証拠金	¥1,000,000		リスク	20%
	勝率	50%		リワード	20%

1	勝ち	¥1,200,000
2	勝ち	¥1,440,000
3	勝ち	¥1,728,000
4	勝ち	¥2,073,600
5	勝ち	¥2,488,320
6	勝ち	¥2,985,984
7	勝ち	¥3,583,181
8	勝ち	¥4,299,817
9	勝ち	¥5,159,780
10	勝ち	¥6,191,736
11	負け	¥4,953,389
12	負け	¥3,962,711
13	負け	¥3,170,169
14	負け	¥2,536,135
15	負け	¥2,028,908
16	負け	¥1,623,127
17	負け	¥1,298,501
18	負け	¥1,038,801
19	負け	¥831,041
20	負け	¥664,833

1	負け	¥800,000
2	負け	¥640,000
3	負け	¥512,000
4	負け	¥409,600
5	負け	¥327,680
6	負け	¥262,144
7	負け	¥209,715
8	負け	¥167,772
9	負け	¥134,218
10	負け	¥107,374
11	勝ち	¥128,849
12	勝ち	¥154,619
13	勝ち	¥185,543
14	勝ち	¥222,651
15	勝ち	¥267,181
16	勝ち	¥320,618
17	勝ち	¥384,741
18	勝ち	¥461,689
19	勝ち	¥554,027
20	勝ち	¥664,833

健全な思考が失われ、冷静な分析や判断もできなくなることでしょう。資金管理ができないが故に、本来不要な負の感情を生み出しているとも言えそうです。

　お金も、感情も、しっかりとコントロールすべきです。トレードは結局、資金管理＝メンタル管理だという話にもうなずけると思います。

　レバレッジを上げて損失を取り戻そうとするのではなく、損失のブレ幅をできるだけ小さく抑えていくことが結果的に大きな利益を受け取ることにつながります。

　ギャンブルなどで有名なマーチンゲール法は、損失を取り戻す有名な手法ですが、FXはそもそもギャンブルではありません。

　また、普通、証拠金は有限のはずです。底なしに資金があるわけでもありません。

　損失を取り戻すためにレバレッジを上げるという行動は、いわば借金を返済するためにさらに借金をすることと同じです。元に戻ることもありますが、所詮、元に戻るだけです。そのためだけに大きなリスクを取ることは自滅の道へとつながっています。連敗すれば破産の確率は一気に高まります。

　1回のトレードに晒すリスクを、極力、小さく抑えていくのが資金管理の王道です。つまり連敗時にも耐えられるように、損失のボラティリティを小さくコントロールしながら利益を残し積み上げるイメージを保つこと、これが重要なのです。

第3章

資金管理で覚えておくべき基礎知識

～第１節～
理想的な収支曲線を知る

　本節では、どのような資産曲線を描いていけばよいのかについて、さまざまなタイプの曲線を見ながら解説します。

１）ブレ幅の大きい資産曲線のパターンは×

　収支のプラス・マイナスを行ったり来たりしている（利益確定、損失確定を繰り返している）ケースです。このとき、収支プラスと収支マイナスの幅が大きすぎたら、それはリスクになります。ひとたび連敗すれば一気に証拠金を失うことになります。

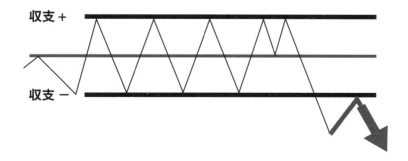

２）右肩上がりだが、ブレ幅の大きい資産曲線のパターンは注意

　利益確定と損失確定を繰り返しながらも、収益は右肩上がりに見えます。しかし、先に紹介したパターンと同じように連敗することも想定しておく必要があります。このときも、「1回のトレードに晒すリスクをいかに小さく抑えることができるのか」がポイントになります。

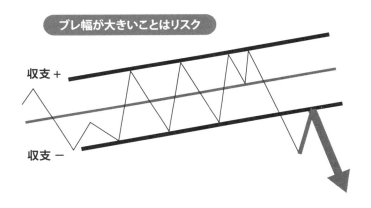

３）右肩上がりで、かつ、ブレ幅の小さい資産曲線のパターンは◎

　理想的な収支曲線のイメージです。利益確定と損失確定を繰り返しつつ、小刻みに右肩上がりで推移しています。このようにブレ幅が小さく、限りなく直線に近いイメージが大切です。

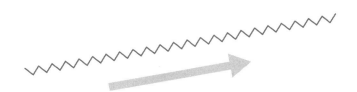

FX運用では「すぐに」とか、「一気に」とか、「急激に」という言葉を捨ててください。ストレスのない健全な収支曲線が描かれると思います。理想的な資産曲線にするためには、以下の3つの条件が必要になります

◎緩やかな右肩上がり
◎限りなく直線に近い
◎ブレ幅が小さい

　なお、複利運用することで、加速度的な曲線を描くこともあります（101ページ以降で触れます）。

コラム：トレードの欲

　トレードではさまざまな欲や感情が生まれるものです。欲や感情に支配される人は、その欲や感情を手放す必要があるのですが、すべての欲が悪いものというわけではありません。トレードにはどんな欲が存在するでしょうか？

・ラクして大儲けしたい！　　・損したくない！
・置いていかれたくない！　　・取り戻したい！
・上（下）がってほしい！

　こんなところでしょうか？　残念ながら、これらの欲は早く手放したほうがよい欲です。欲や感情に支配されてい

てはいけません。

　反面、トレードにも必要な欲があると思います。それは、

◎平均コストの欲　　◎リスクリワードの欲　　◎レバレッジの欲

　この3つの欲です。トレードではこの3つの欲を認め、追求していく必要があります。

　ひとつ目の欲は、誰でもトレードをするときには意識するはずです。少しでも安く買いたい。少しでも高く売りたい。なるべくコストをかけずに済ませたい。これはトレードをするうえで、健全な欲だと思います。エントリー時はもちろん、エグジット時にも平均コストを意識する必要があります。

　2つ目の欲は、小さなリスクで、大きなリワードを実現したいという欲です。リスクを取らなければリターンも得られません。なるべく1回のトレードに晒すリスクを抑えつつ、大きなリターンを狙うのがトレードです。私たちはトレードだけでなく、仕事や私生活においてもリスクリワードの欲を持っているのでしょう。

　3つ目の欲は、レバレッジを利かせたいという欲です。ご存知の通り、レバレッジを味方につけることができれば、大きな利益を手にできますが、闇雲にレバレッジを上げる行為は、破産を招きます。

　これらの3つの欲は自分でコントロールすることができます。そうです。資金管理でこれら3つの欲を管理できるのです！

～第2節～
資産増加の正しいイメージを持つ

　FXトレードをするにあたって、自分の資産が増えるイメージを明確に描くことができる人はどれだけいるでしょうか？　イメージの描き方も人それぞれだと思います。ここでは、考えられるいくつかのパターンを見てみましょう。

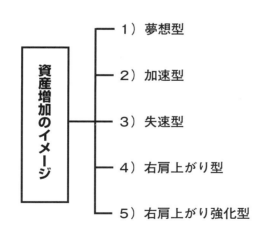

1）夢想型

いわゆる一発屋です。宝くじのように一攫千金を夢見てトレードしていませんか？

「一山当てたら、もう何もせずに南の島で過ごす」ことをイメージしていませんか？

トレードを繰り返して行うという概念がなく、短期間で大きく勝ちたいという欲に支配されています。博打的なトレードの典型と言えるかもしれません。何もせずに大金を得たいという欲が大きく働き、「資金管理トレードを学ぶ」という考えは、そもそもないでしょう。

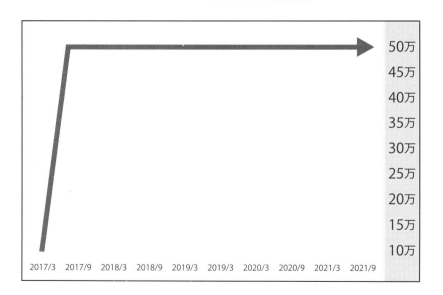

2）加速型

このパターンには良い面と悪い面がありそうです。

安定した利益が出るようになり、複利運用ができるようになると、このような収支曲線が描かれることでしょう。

その一方で、リスクを取り過ぎている可能性もあります。リスクを取り過ぎると損失のブレ幅が大きくなります。「ブレ幅が大きい場合、連敗時に破産の確率が高まる」ということについては67〜72ページでお伝えした通りです。

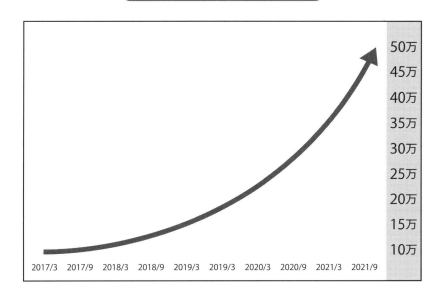

3）失速型

いわゆるビギナーズラックに代表されるようなパターンです。

初めのうちは調子が良く、順調に資金が増えていきますが、そのうちコツコツドカーンを繰り返して失速してしまう、損切り貧乏の典型的なケースです。

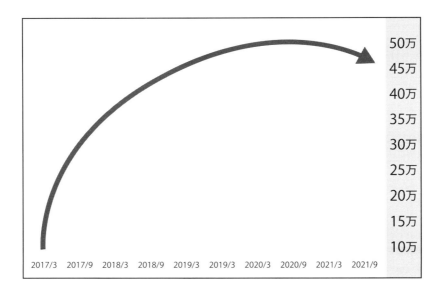

4）右肩上がり型

　急激にではありませんが、一定の時間をかけながらゆっくりと増えていきます。増える速度が加速したり失速したりもしません。安心感をもって見ていられます。将来像が見通せるので、何かを変える必要性を感じません。理想的なイメージと言えそうです。

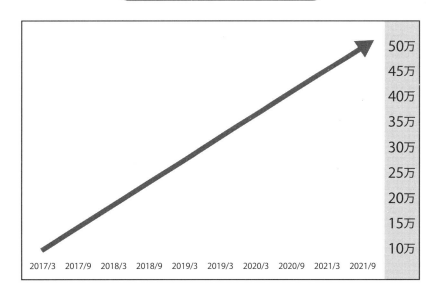

5）右肩上がり強化型

　トレードも右肩上がり、本業でも右肩上がりのパターンです。私たちが目指すべきトレードはこの状態です。このパターンを見るとわかるように、専業トレーダーではなく、兼業トレーダーのほうが有利になります。トレードの他に安定した収入があることは強みです。トレードがうまくいっているのに、本業がうまくいかないということは考えにくいです。本業がうまくいくことでトレードにも良い影響を及ぼすことはありそうです。「相乗効果」が期待できます。

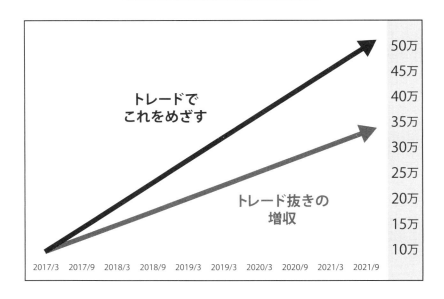

～第３節～
大数の法則と期待値の考え方

「トレードとは一度切りではなく繰り返す投資活動だ」と述べました。繰り返すということが重要ポイントです。

一度切りや数回に限ったトレードならば、ギャンブル的になりかねません。そしてギャンブルならば、頃合いを見て勝ち逃げする必要があります。ギャンブルの場合、繰り返すほどに胴元が儲かる仕組みになっているからです。

トレードでは資金管理をすることで、ある程度自分に有利な局面を作り出すことが可能です。資金管理の４大要素を取り入れた優位性のあるルールを繰り返すことで利益を残していくことができます。

FX運用はギャンブルではありませんが、FXにもギャンブルにも、「大数の法則」と「期待値」という考え方が存在します。トレードを繰り返し行うことで利益を残すという考え方を定着させるために、この大数の法則と期待値についても理解を深めましょう。

１）大数の法則とは

まずは「大数の法則」について説明していきましょう。
「大数の法則」とは、数学の定理のひとつです。数多くの試行を重ね、

母集団の数が増えれば増えるほど、ある事象の発生する割合は一定の値に近づき、その値は事象の発生する理論上の確率に収束するというものです。

文章にするとわかりにくいですよね。野球の打率に喩えてみます。

打率3割を誇るバッターがいたとします。野球で打率3割は優秀な成績です。

A君は10打数3安打の3割バッター
B君は100打数30安打の3割バッター
C君は1000打数300安打の3割バッター

9回裏ツーアウト満塁。点差は1点。一打出れば逆転サヨナラの場面。もしあなたが監督であればA君、B君、C君のうち誰を代打に送るでしょうか？

A君の経験はまだ10打席に過ぎません。期待の大型ルーキーでここまで打率3割。しかし安打になる確率が3割でも、安打と凡打という事象が発生する割合にはバラつきがあります。

記念すべき初打席から3連続安打で前評判通りの脚光を浴び、その後、7打席は凡打というケースや、期待とは裏腹に7打席連続三振後、8打席目から3連続ホームランというケースもあり得ます。

B君やC君と同じく、打率3割ですが、母集団である打席数が少ないので、1打席ごとの結果次第で、今後しばらくの間、打率は大きく変動します。

本当に打率3割の実力者であれば100打席後の打率も3割前後あるはずです。真の実力があれば、1000打席後の打率も3割前後となるでしょう。

一方、ルーキーイヤーの１年目に打率３割を記録しても、２年目に不振に終わり、３年目もイマひとつということもあり得ます。

　要するに、１年目で評価するには母集団となるデータ（この場合は打席数）が少ないのです。本当に実力を伴い、３割バッターとして評価されるには、数多くの打席数を経験している必要があります。

　仮にＡ君を代打に起用するなら、Ａ君のスター性やここまでの勢いを考慮し、何かが起こる偶然性を期待しての起用になるでしょう（短期決戦）。

　Ｂ君を起用するなら、今シーズンはここまで好調だというデータから、「この試合もＢ君の一振りで終わらせてもらいたい」という思いでの起用が考えられます（中盤での戦略）。

　Ｃ君を起用するなら、これまでの安定した実績から、今回も打てるという信頼からの起用が考えられます（安定的な視点）。

　つまりＣ君には数多くの試行を重ねた結果の母集団が1000打席あり、本来の実力である３割という確率に収束していると言えるのです。

　トレードでも同じです。たかだか10回のトレード成績では「本当の実力は判断できない」ということです。

　100回のトレードよりも1000回、１万回というように、試行した事象の母集団が大きければ大きいほど本来の確率に収束していくというものです（野球やトレードの場合、試行する過程で成長していくこともももちろんあります）。

　次に、シーズン期間を４月から９月までの６カ月としたケースを考えてみましょう。毎月打率３割をキープすることは困難でしょう。月ごとにバラつきが出てくるものです。そしてシーズン終了後、１年平均してみると打率３割だった。これが確率の考え方です。１年を通し

て結果を残すということです。

　さらにシーズン（年）ごとにも打率成績のバラつきが起こるでしょう。毎年打率３割ということは起こりにくい事象だと思われます。現実的には、毎年、打率は異なるものの、５年間平均すると打率３割という具合です。
　このように月ごとにバラつきがあり、年ごとにもバラつきがあるものです。
　しかし、母集団が大きくなればなるほど、平均すれば、本来の実力の理論上の確率に収束していくという考え方が大数の法則です。

　野球やトレードの場合は数をこなす間に成長する要素がありますので、一概には言えませんが、試行回数が多く、母集団となるデータが大きくなるにつれて本来の理論上の確率に収束していくものです。そうであるならば、一回一回のトレードで一喜一憂する必要はありません。
　なお、現在の日本プロ野球の規定打席数は443打席だそうです。

　３割バッターであっても、シーズン中に20打席連続無安打というスランプに陥ることがあります。
　トレードでも同じことが言えます。どんなに高い勝率を誇っていても20連敗という状況はあり得ます。だからこそ、その連敗時に破産してしまわない資金管理が必要なのです。
　特にトレードでは、「トータルで勝つ」という考え方が必要です。大数の法則を理解し、確率の意味を知ることで「トータルで勝つ」という意味がわかってくるでしょう。
　ここまでの話で、トレードは繰り返すものだということを再認識できましたか。

私たちトレーダーの時間軸にもよりますが、月単位で利益が残るようになることが理想的です。
　もちろん、デイトレーダーは日単位で利益が残ることを目標とするはずです。しかし、仮に3日連続損失を出しても、週単位で最終的に利益が残ればよいのです。

　本来、投資運用では、資金が増えていくものです。資金が増えなければ投資ではありません。
　「投資は危険だ」とか、「投資はギャンブルだ」という声をよく聞きますが、実のところ、日本人の間違った認識や固定観念に過ぎません。
　資金管理を正しく理解して運用すれば、FXほど効率が良く、安全な投資方法はないでしょう。

◆トレードで勝つとは

トレードの場合	野球の場合
・日単位で利益が残る	・1試合で結果を残す
・週単位で利益が残る	・1週間で結果を残す
・月単位で利益が残る	・1カ月で結果を残す
・年単位で利益が残る	・1年間で結果を残す
・生涯で利益が残る	・生涯で結果を残す

一時的な損失や不調はあるものの、繰り返すほどに利益や結果が残るということです。

２）トレードの期待値について

　次に期待値について説明します。「期待値」とは平均して期待される値のことです。文字通りの意味です。トレードの期待値というと、トレード１回当たりの平均損益ということになります。以下の数式で算出できます。

　期待値を「損益」で計算したいならば、以下の計算式を用います。

１トレード当たりの期待値（損益）
＝（勝率×平均利益）－｛（１－勝率）×平均損失｝

　期待値を「値幅（pips）」で計算したいならば、以下の計算式を用います。

１トレード当たりの期待値（値幅）
＝（勝率×利益の平均値幅）－｛（１－勝率）×損失の平均値幅｝

　例を出して計算してみましょう。

●

（期待値の計算例①）
◎勝率40％　リスクリワード１：２の場合
◎１トレード当たりの平均利益＝20,000円の場合
◎１トレード当たりの平均損失＝10,000円の場合

（0.4 × 20,000円）－｛（1 － 0.4）×10,000円｝＝ 8,000円－6,000円＝ 2,000円

この場合は、1トレード当たりの期待値は＋2,000円となります。このトレードを繰り返すと、平均して2,000円の利益となります。勝率50％以下でもリスクリワードが高いと、期待値がプラスになる例です。

（期待値の計算例②）
◎勝率60％　リスクリワード1：0.5の場合
◎1トレード当たりの平均利益＝10,000円の場合
◎1トレード当たりの平均損失＝20,000円の場合

(0.6 × 10,000円) －｛(1－0.6) ×20,000円｝＝6,000円－8,000円＝－2,000円

　この場合は、1トレード当たりの期待値は－2,000円となります。このトレードを繰り返すと、平均して2,000円の損失となります。勝率50％以上でもリスクリワードが低いと、期待値がマイナスになる例です。

（期待値の計算例③）
◎勝率60％の場合
◎1トレード当たりの平均利益＝150pipsの場合
◎1トレード当たりの平均損失＝100pipsの場合

(0.6 × 150pips) －｛(1－0.6) ×100pips｝＝90pips－40pips＝50pips

　この場合は、1トレード当たりの期待値は＋50pipsとなります。このトレードを繰り返すと、平均して50pipsの利益となります。

(期待値の計算例④)
◎勝率60％の場合
◎1トレード当たりの平均利益＝100pipsの場合
◎1トレード当たりの平均損失＝200pipsの場合

(0.6 × 100pips) －｛(1－0.6) ×200pips｝＝60pips－80pips
＝－20pips

　この場合、1トレード当たりの期待値は－20pipsとなります。このトレードを繰り返すと、平均して20pipsの損失となります。

●

　期待値がプラスならば、トレードを繰り返せば繰り返すほど右肩上がりの収支曲線を描くことになり、期待値がマイナスならば、トレードを繰り返せば繰り返すほど右肩下がりの収支曲線を描くことになります。
　このように、期待値は、このまま「トレードを繰り返してもよいのか、改善したほうがよいのか」の判断の指標となってくれます。
　繰り返す過程で連勝、連敗も起こりますが、期待値がプラスで大数の法則が作用すると大きな利益を生み出します。
　重要なことは、期待値と大数の法則が掛け合わされることです。期待値がプラスのルールをその通りに行うことで、大数の法則が作用するようにトレードすることです。そのときどきで判断基準やエントリールール、エグジットルールなどを変えてしまうと大数の法則が作用しなくなってしまいます。
　「淡々とトレードする」という行動は、期待値がプラスであり、ルール通り行動でき、大数の法則や確率の意味を理解しているトレーダー

だけができることです。

　これらのことを理解し、勝ち続けているトレーダーにとっては、いつも同じことをするだけなので、トレードは単なる作業となり、つまらなく感じるかもしれません。

　ちなみに、競馬やカジノなどのギャンブルでは、期待値はすべてマイナスで、それが大数の法則と掛け合わされて、最後は胴元の利益になるような仕組みになっています。

　バイナリーオプションも同じような仕組みです。
　○○分後にエントリーした価格より上がるか下がるかに賭け、的中すれば配当を受け取ることができます。しかし、その配当率が曲者なのです。配当のことはペイアウトと呼ばれます。このペイアウトが70％だったとします。10,000円賭けて的中すると7,000円の配当を受け取ることになります。

　賭け金と合わせると17,000円となり1.7倍です。

　しかし、負けた場合は賭け金10,000円を失うことになります。この時点でもうお気づきかと思いますが、勝ったときは7,000円儲かり、負けた時は10,000円失うのです。リスク＝10,000円、リワード＝7,000円ですから、リスクリワード比率は1：0.7です。上がるか下がるかの2択なので、大数の法則により勝率は50％に収束します。リスクリワードが最初から不利なバイナリーオプションで勝ち続けることは至難の業です。

　さらに、1分足や5分足などの短期足はランダムに動きますから、予測が立てにくいものです。

　予測の立てにくい1分足や5分足などの短い足を判定期間にすることで、勝率を50％に収束させる狙いと、エントリー回数を増やさせることで大数の法則を作用させる狙いが、バイナリーオプションには

あります。感心するほど、よく考えられた仕組みです。

　このゲームでは期待値がはじめからマイナスなので、一時的に利益にすることができたとしても、繰り返すうちにあっという間に利益を失うはずです。このような期待値がマイナスで大数の法則が作用する相場では、勝ち逃げが鉄則になります。

　その一方で、確率のゲームと言われる野球やFXでは、戦術や資金管理次第で、ある程度有利な局面を作り出すことができるのです（第5章の資金管理の実例で説明します）。

　バイナリーオプションは、期待値の観点から見ると、明らかに不利なゲームである

～第4節～
モデルケース紹介

モデルケースを参考に、実際の資金管理を確認していきましょう。

1）モデルケースAさん（サラリーマン兼業トレーダー）

次ページの上段はサラリーマン兼業トレーダーAさんをモデルとした例です（あくまでシミュレーションとしての架空の数値です）。

Aさんは、平均すると毎月11万2,500円の収益を得ることができているといえます。サラリーマン兼業トレーダーとしては、これくらい稼げれば十分ではないでしょうか？

注目していただきたいのが勝率60％の30回のトレードの内訳です。18回の勝ちトレードで20万2,500円を手に入れ、12回の負けトレードで9万円を失ったことになります。言い換えれば、9万円のコストを支払って、20万2,500円を売り上げたことになります。

この『**売上－経費＝利益**』**の計算式**を頭に入れてください。ロスカットは必要経費です。経費を使い、売上を上げ、利益を残すという考え方を身につけましょう。そうすれば、安心してロスカットできます。

2）モデルケースBさん（専業主婦）

次ページの下段は専業主婦Bさんをモデルとした例です。Aさんと同

FX証拠金シミュレーション

Aさんのモデルケース
（サラリーマン、兼業トレーダー）

証拠金	3,000,000円		
トレード回数	30 回		
リスク許容（％）	0.25 %		
リスク許容（金額）	7,500円		
勝率	60.0 %	18 回	¥202,500
負率	40.0 %	12 回	¥-90,000
リワード	1.5	¥11,250	
リスク	1	¥-7,500	
プロフィットファクター	2.25		
平均利益	¥112,500	3.8 %	
期待値/1トレード	¥3,750	0.13 %	

Bさんのモデルケース
（専業主婦）

証拠金	500,000円		
トレード回数	30 回		
リスク許容（％）	1.00 %		
リスク許容（金額）	5,000円		
勝率	55.0 %	16.5 回	¥123,750
負率	45.0 %	13.5 回	¥-67,500
リワード	1.5	¥7,500	
リスク	1	¥-5,000	
プロフィットファクター	1.83		
平均利益	¥56,250	11.3 %	
期待値/1トレード	¥1,875	0.38 %	

じように『売上 − 経費 = 利益』の考え方で5万6,250円の平均利益が残ります。家計の足しとして、これくらい稼げれば十分ではないでしょうか。

　証拠金は少額（50万円）ですが、そのあたりについては、証拠金の1％をリスクとすることで、利益率を高めています。月利11.3％のパフォーマンスはとても魅力的です。

3）モデルケースCさん（年金受給者）

　次ページの上段は年金受給者Cさんをモデルとした例です。リスク許容も証拠金の0.5％と小さく設定されています。トレード回数は少なく、勝率も55％と平凡ですが、何といってもリスクリワードの大きさが武器になっています。毎月の平均利益24万3,750円は見事です。

4）モデルケースDさん（事業家）

　次ページの下段は事業家Dさんをモデルとした例です。サラリーマン兼業トレーダーのAさんと比較すると、証拠金の大きさが際立っています。事業家や経営者となると、『売上 − 経費 = 利益』の考え方は問題ないはずです。Dさんのケースでは、毎月30万円の経費を差し出して60万円の利益を残しているのです。

Cさんのモデルケース
（年金受給者）

証拠金	5,000,000円		
トレード回数	15 回		
リスク許容（%）	0.50 %		
リスク許容（金額）	25,000円		
勝率	55.0 %	8.25 回	¥412,500
負率	45.0 %	6.75 回	¥-168,750
リワード	2	¥50,000	
リスク	1	¥-25,000	
プロフィットファクター	2.44		
平均利益	¥243,750	4.9 %	
期待値/1トレード	¥16,250	0.33 %	

Dさんのモデルケース
（事業家）

証拠金	30,000,000円		
トレード回数	10 回		
リスク許容（%）	0.25 %		
リスク許容（金額）	75,000円		
勝率	60.0 %	6 回	¥900,000
負率	40.0 %	4 回	¥-300,000
リワード	2	¥150,000	
リスク	1	¥-75,000	
プロフィットファクター	3.00		
平均利益	¥600,000	2.0 %	
期待値/1トレード	¥60,000	0.20 %	

～第5節～
トレードの改善方法
～PF（プロフィットファクター）の最適化～

　ここまで見てきて、いかがだったでしょうか？

　本章第4節の4つのモデルケースを比較したときに、「勝率×リスクリワード×リスク許容×トレード回数×証拠金の関係性」について、何か気づきがあったでしょうか？

　また、その気づきはトレード収益の向上、改善に役立つものでしょうか？

　FXという舞台でトレードされている方のほとんどが「トレード収益を改善したい」と考えていると思います。このとき、期待値がプラスの手法の場合と、期待値がマイナスの手法の場合とでは、やるべきことが違ってきます。それぞれ解説します。

●

１）期待値がプラスの手法の場合

　以下の5つの方法が考えられます。

①トレード回数を増やす

　闇雲にエントリー回数を増やすのではなく、「繰り返す」という意味です。期待値がプラスである以上、同じことを繰り返すことによっ

て収益が増えていきます。時間を味方につけることができる堅実な考え方です。時間をかけてトレード回数を増やしていけばいくほど、トレードの収益も増えていきます。

②勝率を上げる努力をする

今以上に勝率が上がれば、当然、収益も増えます。優位性のある勝ちパターンのときにだけエントリーすることで勝率を高めます。

勝率は勝ちトレード数÷総トレード数で求められますから、負けトレードを減らすことでも勝率は上がります。わかりにくい相場ではエントリーしないなどの措置をとることで負けトレードを減らすことも考えてみましょう。

③リスクリワードを上げる努力をする

リスクリワードを上げると、勝率が下がる側面もあります。第1章46ページの通り、勝率とリスクリワードは表裏一体の側面があるからです。

勝率もキープしたい場合、大きなリスクリワードを狙える局面だけエントリーすることでリスクリワードを高く保つことができそうです。

④リスク許容を上げない

期待値がプラスの場合、リスク許容を上げれば収益も増えていくのですが、この方法はお勧めしません。

トレードを繰り返す中で連敗はつきものです。繰り返しになりますが、リスク許容を上げると損失のブレ幅が大きくなりますから、やはり連敗時には、破産の確率が一気に高まります。

⑤証拠金を増やす努力をする

これが一番です。トレードスタイルが確立し、常に自分の勝ちパター

ンルールに従うことができるのであれば、証拠金の大きいほうが有利に働きます。損益を証拠金に対する割合（率）で考えることができれば、同じことを繰り返すことで金額も大きくなります（後述の複利運用の項で紹介）。

２）期待値がマイナスの手法の場合

ここでも、以下の5つの方法が考えられます。

①トレード回数を減らす ／トレードそのものを止める

期待値がマイナスであるならば、デモトレードで訓練することをお勧めします。そもそも期待値のないトレードを実行するべきではありません。繰り返すほど資産が減少します。そして最後には破産してしまいます。

デモトレードを活用し、自分のトレードスタイルや勝ちパターンを確立することを優先させましょう。期待値の高いトレードを身につける前に証拠金を失っては元も子もありません。

②勝率を上げる努力をする

期待値がプラスの場合と同様です。勝率が上がれば収益も増えることは当然の結果です。デモトレードを活用してみてください。

③リスクリワードを上げる努力をする

こちらも、期待値がプラスの場合と同様です。

④リスク許容を下げる

リスク許容を下げ、損失のブレ幅をより小さくすることで、連敗にも耐えられるようにします。リスクを大きく取って「一気に取り戻す」と

いう行動は間違っていることを確認してください。自滅の始まりです。

⑤証拠金を減らさない努力

　この考え方を基本とすべきでしょう。次節でもお伝えしているように、FXでは証拠金がすべてです。証拠金がなければ何もできません。

●

　このように、期待値がマイナスならばリスクをより小さくし、トレード回数を減らすことで証拠金の減少を抑える必要があります。
　期待値がプラスならばリスク許容は変えず、証拠金をさらに投入することや、いつも同じことを繰り返すことで証拠金を増やしていきます。

3）複利運用を味方につける

　期待値がプラスならば、そのやり方を繰り返せば繰り返すほど、証拠金が増えていくことをお伝えしました。重要なのは、その繰り返し方です。それは「一定を保つこと」です。
　一定といってもロット数のことではありません。最大許容損失金額でもありません。証拠金に対する最大損失許容金額の割合（率）を一定にすることが大切なのです。
　FXに限らず、投資で資産を増やす方法として、複利運用が大きなパフォーマンスを生み出すことはご存知でしょう。
　ここでは資産の増え方だけに焦点を当てるのではなく、逆に損失にも焦点を当てて考えてみましょう。
　複利というと、増えていくときのことしか考えない人もいますが、実はそれだけではありません。減ったときのダメージが少ないのも「複利」なのです（良いことずくめです）。

仮に2％のリターン、1％の許容損失とするならば、証拠金100万円の場合は2万円のリターンを期待し、1万円の損失を許容することになります。証拠金が200万円に増えても、50万円に減っても、2％と1％を堅持するのが複利です。200万円になれば、同じ2万円のリターンではなく、4万円のリターンです。逆に、50万円になったときは、5000円の損失許容となります。

複利で運用していると、証拠金が大きくなればなるほどリターンも増えていきます。一方で、証拠金が減った場合には、証拠金の減少速度が遅くなります。このような利点もあるのです。

仮に、同じ取引数量にしてしまうと、50万円になっても1万円の損失、10万円になっても1万円の損失ということになります。加速度的に証拠金が減っていきます。

証拠金が増えても同じ取引数量で取引すれば、どうなるか。100万円のときに2％のリターンだったのが、200万円になったら1％のリターン。400万円になったら0.5％のリターンです。

証拠金が減るときはどんどん減っていくのに、増えるときはなかなか増えなくなってしまいます。これでは良いことは何もありませんね。

だから、証拠金100万円でも1000万円でも同じ割合を繰り返すことが秘訣になるのです。これができる人は1億円でも100億円でも淡々と繰り返すことができるでしょう。証拠金100万円のときに、リスク許容1％だと1万円。証拠金1億円のときにリスク許容1％だと100万円。どちらも同じ1％です。

次ページを見てください。専業主婦Bさんのモデルケースで1年間の複利運用した場合を計算してみましょう。

FXは証拠金がすべてです（本章の第6節で詳しく紹介）。証拠金

◆専業主婦Bさんのモデルケース

Bさんのモデルケース　（専業主婦）

◎ 証拠金50万円
◎ 月利11.25％

	証拠金
・1カ月目	556,250円
・2カ月目	618,828円
・3カ月目	688,446円
・4カ月目	765,896円
・5カ月目	852,059円
・6カ月目	947,916円
・7カ月目	1,054,557円
・8カ月目	1,173,194円
・9カ月目	1,305,179円
・10カ月目	1,452,011円
・11カ月目	1,615,363円
・12カ月目	1,797,091円

3.594倍

同じことを繰り返すことで1年後に専業主婦Bさんは証拠金を約3.6倍まで増やすことになります。

を増資することができれば、証拠金に比例して収益も大きくなるという、スケールメリットの恩恵も受けることができます。

　兼業トレーダーの場合は本業で得た収入の一部を証拠金に充てることで、スケールメリットの恩恵を受けることができます。そして、期待値がプラスである限り、そのトレードを繰り返していくだけです。

　「繰り返すことによってトータルで利益を残すイメージ」と考えるとわかりやすいかもしれません。いつも同じことを繰り返すのでトレード自体はつまらなくなるかもしれませんが、そもそも、トレードは面白い／つまらないという視点で語るものではありません。「淡々と繰り返す」という言葉は、まさしくトレードで利益を上げ続けるための格言だと考えます。

　一方で、負けている人は「淡々と」している場合ではありません。資金管理を根本から見直す必要があります。

～第6節～
FXでは証拠金がすべて

　FXでは、差し入れ証拠金をもとに、その証拠金を基準として、証拠金にレバレッジをかけて取引することが可能です。FXのキーワードの中心は常に「証拠金」です。

　不動産と異なり、FXではフルレバレッジ（フルローン）の取引ができません。
　フルレバレッジ（フルローン）とは、自己資金ゼロでの取引のことです。自己資金、つまり頭金ゼロで、銀行から投資資金を全額借り入れして、不動産物件を購入する手法があります。オーバーローンと言って、購入する物件価格を超える融資が得られる場合もあります。
　しかし、FXでは、最初に自己資金を準備する必要があります。証拠金とは、不動産物件購入時の頭金のことだと考えればわかりやすいと思います。
　FXの場合は、フルローンは無理でも、頭金比率に関しては、不動産購入の場合よりはるかに有利です。不動産の場合は10％、20％、30％などが一般的だと思います。
　その点、FXは4％です（個人口座の場合）。法人口座なら2％や1％の証拠金だけで取引可能な場合もあります。海外口座の場合はさらに頭金比率が低く、0.5％や0.25％でも取引できます。この頭金が証拠金、つまり自己資金です。

取引価格（不動産では物件価格に該当）を100％として、証拠金（不動産では頭金）で割ると、レバレッジがわかります。日本国内の個人口座の場合は証拠金比率４％なので、

<u>100÷4＝25　レバレッジ25倍</u>

という具合です。

　証拠金がなければ取引できないのがFXだとすれば、FXでどれだけ利益を出せるかは証拠金次第と言っても過言ではありません。証拠金が多ければ多いほど、取引できる金額が増えるからです。不動産でいえば、購入可能な物件の選択の幅が広がるということです。証拠金が多いほど、期待できる利益額も大きくなるという、当然といえば当然の原理です。
　証拠金額が大きいというメリットは、取引可能な金額が大きくなることだけに留まりません。「無理にレバレッジをかけなくても一定以上の利益を生み出せる」という無視できないメリットもあります。

　ここでもう一度、不動産投資で考えてみましょう。
　頭金500万円しか準備できない場合に、5000万円の物件を買おうとするならば、差額の4500万円を借り入れなければなりません。このときのレバレッジは10倍になります。
　しかし、自己資金が5000万円あれば、ローンを組まずにキャッシュで5000万円の物件を購入できます。
　もちろん、あえてレバレッジをかけて、5000万円の頭金で数億円の物件を買うこともできます。

　このように、証拠金が増えると、選択の幅が広がります。これは大

～～証拠金は資産～～

◎証拠金は流動資産
◎証拠金は固定資産
◎証拠金は商売道具（設備等）
◎証拠金がなければ、利益は得られない
◎証拠金がなければ、借り入れができない
◎証拠金を失ってはいけない
◎利益額は証拠金に比例する
◎損失額は証拠金に必ずしも比例しない＝損失額は限定できる
◎証拠金は借り入れするための担保
　※借り入れとはレバレッジのこと

きなメリットです。

　少額の証拠金しか用意できない場合は、どうしても高いレバレッジを掛けたくなります。証拠金が少ないならば、低いレバレッジで小さな築古ボロ物件を売買しながら証拠金を増やしていく思考になればよいのに、無理して身の丈を超えた投資に走りがちになるわけです。これが数多くのトレーダーが破産する原因のひとつです。

　では、証拠金が少ない人はトレードしてもダメなのでしょうか？もちろん、そんなことはありません。証拠金を増やせばよいだけです。証拠金を増やす方法はいくらでもあります。ハイレバレッジの博打的トレードを避け、長く継続することを最優先にして、無理せず複利で増やしていくこと。給与収入やその他の収入を、証拠金に積み立てていくこと。この２つを実践するだけでも証拠金は大きく増えていきます。

～第7節～
レバレッジとその活用術について

1）レバレッジとは「借金」のこと

　「FXといえばレバレッジ！」と言われるほど、「レバレッジをかけることのできる点がFXの最大のメリット」というイメージが定着しているようです。

　しかし、これはあまりに安易なイメージと言わざるを得ません。レバレッジはFXの多くの側面のひとつにすぎません。また、レバレッジそのものの本当の意味や正しい活用法を知っているトレーダーは少数派に見えます。

「レバレッジはテコの原理です」

　巷には、それだけ説明してお茶を濁しているような本やインターネットサイトが多く存在しています。そんな知識だけを持ってレバレッジ取引に挑戦する人がほとんどであることは驚愕すべきことです。

　レバレッジはFXトレードにおいて非常に重要な概念ですから、ここではしっかりレバレッジの正しい理解と使い方を学びましょう。

　「レバレッジ」と聞いても、わかったようでわからないようで、いまひとつ腑に落ちないと感じる人も多いと思います。これは、単純な

ものを複雑にして人を惑わしてしまっている典型例です。
　一言でいえば、レバレッジとは、「借金」のことです。「レバレッジを利かせる」とは、自己資本だけでは投資額が小さく収益性も小さいので、資金を何倍も借り入れて投資額を大きくしながら収益性も上げる、という意味になります。
　レバレッジを利かせれば、収益性が上がる一方で、リスクも大きくなります。リスクが大きくなるとは、損失が生じた場合の絶対損失額が増えることを意味します。

　レバレッジとしてわかりやすいのは、住宅ローンです。
　マイホームを購入しようとするとき、全額キャッシュで支払える人はそれほどいません。多くの人は自己資金を頭金として準備したら、残りは銀行や公庫からの借り入れに頼ることになります。5000万円の物件を購入するとして、頭金を1000万円準備している場合は、4000万円の借り入れが必要です。5000万円のうち5分の1の1000万円しか資金がないので、この場合のレバレッジは5倍です。
　この人は、4000万円の借金を背負うことになります。借金は返さなければなりません。万が一、返せなくなったときには、担保となっている家が差し押さえられます。
　ただし、その借金を背負うというリスクの見返りに、キャッシュでは到底買えない物件を今すぐに手に入れることができるわけです。

　FXのレバレッジも一緒です。レバレッジ5倍で運用する場合、自己資金（証拠金）100万円で500万円分の外貨ポジションを持つこともできます。リスクも最大5倍になりますが、利益も最大5倍になります。
　もう一度、言います。レバレッジとは借金のことです。借金をすれば自己資金だけでは買えない大きなものが買える一方で、返せなくなったときのダメージが大きい、という単純な話なのです。

◆住宅ローンのイメージ

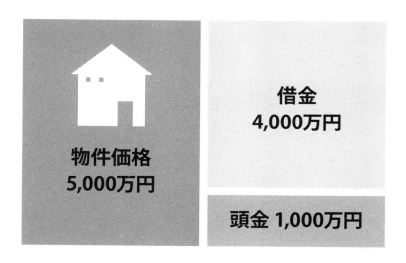

◆FXのイメージ

2）レバレッジとは、キャッシュを確保すること

　レバレッジについては、企業の財務という視点から考えると理解がさらに進みます。

　多くの企業は、株主からの出資金である自己資本と銀行などからの借入金によって資金調達するという形をとっています。

　企業にとっては、自己資本だけで会社を維持、成長させていくことが必ずしも良いことだとは言えません。もちろん、自己資本だけで融資を受けないなら、返済リスクを背負わなくて済むので、ストレスは小さくなるかもしれません。

　しかし、会社をさらに大きくしよう、新たな市場を獲得していこうとするときには、先行投資をしなければならないケースが多々あります。成長する過程で多額の資金が必要なときに融資をうまく活用することも、良い経営者の資質であるといえます。

　「FXトレードのレバレッジも借金だ」というお話は理解していただけたと思います。企業の財務を考えればわかるように、やはり「借金は悪い」という考え方は間違っています。借金自体が悪いのではなく、無理な借金や無計画な借金が悪いのです。

3）口座の最大レバレッジが高いと有利に働く

　FXブローカー（FX会社、証券会社）の最大レバレッジ規制がどんどん進んでいます。日本国内では金融庁の指導によって、それまで400倍や500倍まで可能だったレバレッジが2010年に最大50倍に、2011年には最大25倍にまで規制されました。現在、5倍程度への再々規制が検討されているようです。

　確かに、無知な投資家がレバレッジ取引で無理をして多額の損失を

出す例が少なからずありましたし、今後も同じようなことは続くでしょう。

しかし、損失を出す人がいるからという理由でレバレッジを規制していくのは、あまり賢明なやり方とはいえません。

確かに、レバレッジの意味さえ知らない、自分がレバレッジをかけていることにさえ自覚がないトレーダーに取引を繰り返させてきた業界構造に問題があるのは事実です。

その一方で、投資家側の責任もやはり大きいです。投資行為をする前に勉強しないまま取引を始めたのだとすれば、損失を出しても、騙されたと強弁することはできません。

ほとんどの人が誤解していますが、安全な取引をするためには、口座の最大レバレッジは高いほど有利です。

「レバレッジ25倍が可能」と聞くと、25倍のレバレッジを掛けなければならないと思い込む人がいます。

しかし、レバレッジ25倍が可能であることと、レバレッジを25倍掛けることはまったく違う話です。

レバレッジ25倍の口座で、レバレッジ1倍の運用も可能ですし、海外のレバレッジ100倍の口座でレバレッジ0.5倍の運用をすることも可能です。

口座の最大レバレッジというのは器の大きさであって、その器にどれだけ食べものを入れるかということを同列に論じることはできません。

「大は小を兼ねる」との格言の通り、器は大きければ大きいほどよいです。ただし、その器を無理にいっぱいにし、限界以上に食べるのは間違っています。適量、少しだけ盛って頂けばよいのです。

レバレッジ規制は、「時速300キロで走る性能のある車は事故の危険が高いから販売禁止、代わりにアクセル全開でも時速80キロのスピー

ドしか出ないボロ中古車だけを販売させる法律」を作るようなものです。
　速度が出る高性能な車は危ない、速度が出ないボロ車のほうが安全。常識的な人は「そんな馬鹿げたこと」と思うでしょうが、こんなイメージが定着してしまっているのがFXのレバレッジです。

　最大レバレッジ25倍の口座でレバレッジ1倍の運用をするのと、最大レバレッジ2倍の口座でレバレッジ1倍の運用をするのとでは、リスクに大きな開きがあります。
　もちろん、レバレッジ2倍の口座での1倍運用のほうがハイリスクです。レバレッジ1倍と言えば、外貨預金や普通預金と同じです。借金ゼロです。
　レバレッジ2倍口座での1倍運用とは、1000万円の資金のうち500万円を運用しているということです。半分も使っています。
　一方、レバレッジ25倍口座での1倍運用は、1億2500万円の資金のうち500万円だけを運用しているという形です。ずっと余裕があると思いませんか？

さらに、レバレッジ25倍の口座でレバレッジ1倍の運用（無借金）の利点について説明しましょう。

　自己資金1000万円、2億4000万円の借金。合計2億5000万円の投資可能額。これがレバレッジ25倍口座です。

　しかし投資にまわす（ポジションを持つ）のはレバレッジ1倍分の1000万円だけ。2億4000万円は使わないで置いておくのです。これは次のことと同じ状態です。

2億4000万円借金した。しかし、銀行に2億4000万円の預金残高がある。

　もうおわかりのように、レバレッジ2倍口座での1倍運用とは、「1000万円借金して、1000万円の預金残高がある」ということなのです。使わないなら、手元にたくさんお金があるに越したことはないと誰もが思うでしょう。しかも、無利息で借りられるので、「借りたもの勝ち」です。

　レバレッジ1倍口座で1倍の運用と聞くと、安全そうに聞こえるかもしれませんが、実際はその逆です。自己資金をすべてつぎ込んでいる状態になるわけですから、むしろリスクは高いのです。

4）レバレッジは欲望計

　取引口座の仕組みとしてのレバレッジは、高いほうが有利だと書きましたが、実際にレバレッジを上げると、もちろんリスクを高めることになります。

　実際の取引でポジションを持つときには、レバレッジは極力低く抑えることが成功の秘訣です。具体的には、基本姿勢はレバレッジ1倍。チャンスでレバレッジ2倍。勝負をかけるときでも最大3倍です。そ

れ以上のレバレッジは、身を滅ぼすのでやめたほうがよいです。

時速300キロのスピードが出る車に乗っても、公道では40〜60キロで運転しなさいという単純な話です。

チャンスのレバレッジ3倍は、高速道路での時速100キロというところでしょうか。

借金であるレバレッジは、「欲望計」と表現することもできます。車のスピードメーターのように、現在どのくらいの欲望のスピードが出ているかを、明確に示してくれます。レバレッジ3倍は「欲望3倍」。レバレッジ10倍なら「欲望10倍」です。

人間にとって適度な欲望や野心は生きる力となり必要なものですが、行き過ぎると身を滅ぼしかねません。それと同じです。

自分のポジションのレバレッジの高さで、どのくらい欲望に突き動かされているかをチェックするようにしましょう。

5）レバレッジを上げてもよいときとは？

ただし、レバレッジを上げてもよいときがあります。もちろん、レバレッジを上げてもよいということは、レバレッジを上げなければならないという意味ではありません。レバレッジを上げてもよいときは次のケースです。

◎ストップを置きやすく、損切りの判断が非常に明確な場面
◎長期、中期、短期ともに相場が反転するポイント

実例を挙げると、次ページの丸印のような場面になります。

ストップロスの逆指値注文の値幅とポジションサイズを計算した結果、損切り時の損失額が想定以内に収まっているときです。

◆USD/CAD（月足）

◆USD/CAD（週足）

◆USD/CAD（日足）

117

6）レバレッジという切り札を味方にする

　レバレッジは、切り札です。切り札は、そうそう出すわけにはいきません。切り札は取っておくものです。

　レバレッジとは、喩えるならば、警察官にとっての拳銃のようなものです。素手がレバレッジ1倍、警棒がレバレッジ2倍、拳銃はレバレッジ3倍以上です。切り札という認識があれば、レバレッジを上げることを常態化することから守れるでしょう。

レバレッジは低く、低く。

　これがトレードで大きく利益を出して億万長者になるための近道だと心得てください。

資金管理の実際に必要な計算式

～第1節～
大前提：通貨ペアの表記の意味
～基軸通貨と決済通貨～

　本章から、トレードにおける資金管理の基本に入っていきましょう。まずは通貨ペアの表記の意味について説明します。
　例えば、通貨ペアの表記は、通常、「ドル／円」のような形式になっています。
　このとき、「左側に表記される通貨」が基軸通貨となります（ドル／円でいうと、ドルのほう）。レバレッジ、必要証拠金、取引数量はこの基軸通貨の対円レートで計算されます。
　そして、「右側に表記される通貨」が決済通貨となります（ドル／円でいうと、円のほう）。損益はこの決済通貨の対円レートで計算されます（円建口座ということが前提です）。
　ドル円やクロス円のように「円」を含む通貨ペアでの取引の場合、円貨計算は不要です。それ以外の「円」を含まない通貨ペアでの取引に関しては、円貨計算をする必要があります。

　次ページに、主要通貨の相対28通貨ペアを一覧に記しておきます。どちらが基軸通貨なのか、そしてどちらが決済通貨なのかを意識しながら見てください。

◆主要通貨の相対28通貨ペア一覧

	基軸通貨	決済通貨
ドル/円	ドル	円
ユーロ/円	ユーロ	円
ポンド/円	ポンド	円
豪ドル/円	豪ドル	円
NZドル/円	NZドル	円
カナダドル/円	カナダドル	円
スイスフラン/円	スイスフラン	円
ユーロ/ドル	ユーロ	ドル
ポンド/ドル	ポンド	ドル
豪ドル/ドル	豪ドル	ドル
NZドル/ドル	NZドル	ドル
ドル/カナダドル	ドル	カナダドル
ドル/スイスフラン	ドル	スイスフラン
ユーロ/ポンド	ユーロ	ポンド
ユーロ/豪ドル	ユーロ	豪ドル
ユーロ/NZドル	ユーロ	NZドル
ユーロ/カナダドル	ユーロ	カナダドル
ユーロ/スイスフラン	ユーロ	スイスフラン
ポンド/豪ドル	ポンド	豪ドル
ポンド/NZドル	ポンド	NZドル
ポンド/カナダドル	ポンド	カナダドル
ポンド/スイスフラン	ポンド	スイスフラン
豪ドル/NZドル	豪ドル	NZドル
豪ドル/カナダドル	豪ドル	カナダドル
豪ドル/スイスフラン	豪ドル	スイスフラン
NZドル/カナダドル	NZドル	カナダドル
NZドル/スイスフラン	NZドル	スイスフラン
カナダドル/スイスフラン	カナダドル	スイスフラン

1）例1：ユーロ／円の場合

$$\boxed{\text{ユーロ／円}}$$

　基軸通貨は左側に表記されている「ユーロ」です。決済通貨は右側に表記されている「円」です。
　ユーロ／円を取引するということは、基軸通貨であるユーロを軸に取引することになりますので、ユーロの対円レートであるユーロ／円のレートで取引数量やレバレッジが算出されます。
　そして、ユーロ／円を取引するということは、損益をそのまま「円」で受け取ることになります。したがって、円貨計算は不要です。

2）例2：ポンド／豪ドルの場合

$$\boxed{\text{ポンド／豪ドル}}$$

　基軸通貨は左側に表記されている「ポンド」です。決済通貨は右側に表記されている「豪ドル」です。
　ポンド／豪ドルを取引するということは、基軸通貨であるポンドを軸に取引することになりますから、ポンドの対円レートであるポンド／円のレートで取引数量やレバレッジが算出されます。
　決済通貨は「豪ドル」です。ただし、損益を「豪ドル」で受け取る

ことになりますので、円貨計算をする必要があります。つまり「豪ドル」の対円レートである豪ドル／円のレートで損益の計算をすることになります。

　次節以降で、「資金管理の実際」に必要な「期待値」「平均コスト」「ポジションサイズ」「レバレッジ」「リスクリワード」「損益」の計算方法について説明していきます。

～第2節～
期待値の計算方法

　期待値については、第3章で解説している通りです。ここでは、おさらいの意味を含めて、再度、計算方法を紹介しておきます。
　「期待値」とは平均して期待される値のことです。「トレードの期待値」というと、トレード1回当たりの平均損益ということになります。
　以下の数式で算出できます。

1）期待値を損益で計算したい場合

1トレード当たりの期待値（損益）
＝（勝率×平均利益）－｛（1－勝率）×平均損失｝

2）期待値を値幅（pips）で計算したい場合

1トレード当たりの期待値（値幅）
＝（勝率×利益の平均値幅）－｛（1－勝率）×損失の平均値幅｝

～第3節～
平均コストの計算方法

　本節では、平均コストの計算方法を紹介します。

　トレードでは、多くの場合、何回かに分けて買ったり売ったりします。複数回に分けてポジションを造成したならば、その平均価格を把握する必要があるのは当然です。

　平均コストの場合は、通貨ペアに「円」を含む・「円」を含まないは関係ありません。どれだけ多く分割してポジションを造成しても計算方法は同じです。

例1

　カナダドル/円を買ってみたとします。

試行回数	取得価格	建玉数量	取引数量
1回目	80.500円	3,000通貨	241,500円
2回目	80.300円	3,000通貨	240,900円
3回目	80.100円	3,000通貨	240,300円
合計		9,000通貨	722,700円
平均	80.300円	722,700円 ÷ 9,000通貨	

125

(説明)

まず取引数量を求めます。

> 取引数量＝取得価格×建玉数量

試行回数それぞれの取引数量を求めます。今回の例では次のようになります。

  1回目 80.500円×3,000通貨＝241,500円
  2回目 80.300円×3,000通貨＝240,900円
  3回目 80.100円×3,000通貨＝240,300円

同様に取引数量を合計します。

1回目241,500円＋2回目240,900円＋3回目240,300円＝722,700円

次に、建玉数量を合計します。この例では、次のようになります。

1回目3,000通貨＋2回目3,000通貨＋3回目3,000通貨＝9,000通貨

最後に平均コストを求めます。

> 平均コスト＝取引数量の合計÷建玉数量の合計

この計算式で平均コストを求めると、次のようになります。

722,700 円 ÷ 9,000 通貨 ＝ 80.300 円

以上から、この場合の買い平均コストは 80.300 円だとわかります。

例2

豪ドル / ドルを売ってみたとします。

試行回数	取得価格	建玉数量	取引数量
1回目	0.71000ドル	10,000通貨	7,100ドル
2回目	0.71200ドル	10,000通貨	7,120ドル
3回目	0.71400ドル	10,000通貨	7,140ドル
4回目	0.71600ドル	10,000通貨	7,160ドル
5回目	0.71800ドル	10,000通貨	7,180ドル
合計		50,000通貨	35,700ドル
平均	0.71400ドル	35,700ドル ÷ 50,000通貨	

（説明）
　通貨ペアに「円」を含んでいなくても、試行回数が何回になっても計算方法は同じです。まず取引数量を求めます。

　　　取引数量＝取得価格×建玉数量

試行回数それぞれの取引数量を求めます。今回の例では、次のようになります。

```
1回目   0.71000ドル× 10,000通貨 =7,100ドル
2回目   0.71200ドル× 10,000通貨 =7,120ドル
3回目   0.71400ドル× 10,000通貨 =7,140ドル
4回目   0.71600ドル× 10,000通貨 =7,160ドル
5回目   0.71800ドル× 10,000通貨 =7,180ドル
```

同様に取引数量を合計します。

```
1回目   7,100ドル
2回目   7,120ドル
3回目   7,140ドル
4回目   7,160ドル
5回目   7,180ドル
合計    35,700ドル
```

次に、建玉数量を合計します。この例では、次のようになります。

```
1回目   10,000通貨
2回目   10,000通貨
3回目   10,000通貨
4回目   10,000通貨
5回目   10,000通貨
合計    50,000通貨
```

最後に平均コストを求めます。

> 平均コスト＝取引数量の合計÷建玉数量の合計

この計算式で平均コストを求めると、次のようになります。

$$35,700 \text{ドル} \div 50,000 \text{通貨} = 0.71400 \text{ドル}$$

以上から、この場合の売り平均コストは 0.71400 ドルだとわかります。

～第4節～
ポジションサイズの計算方法

　今度は、ポジションサイズの計算方法を紹介します。「円」を含む通貨ペアと「円」を含まない通貨ペアの例題で説明していきます。

１）「円」を含む通貨ペアの場合

　計算式は次の通りです。これを覚えたうえで、例３に進んでください。

> ポジションサイズ＝リスク許容（金額）÷リスク許容（値幅）

例３

証拠金：300万円
リスク許容（金額）：1.5％（45,000円）
リスク許容（値幅）：1.5円（150pips）
通貨ペア：ユーロ／円

（説明）
　今回の条件での計算式は次のようになります。

$$45,000 円 ÷ 1.5 円 = 30,000 通貨$$

　決済通貨は「円」なので円貨計算は不要です。30,000通貨でエントリーし、150pipsでロスカットすると45,000円の損失に限定されます。

２）「円」を含まない通貨ペアの場合

　計算式は次の通りです。これを覚えたうえで、例４に進んでください。

> ポジションサイズ
> ＝リスク許容（金額）÷リスク許容（値幅）÷決済通貨の対円レート

例４

証拠金：300万円
リスク許容（金額）：1.5％（45,000円）
リスク許容（値幅）：0.01500ポンド（150pips）
通貨ペア：ユーロ／ポンド
ポンド／円：150.000円

（説明）
　決済通貨はポンドです。円貨計算にはポンド／円のレートが必要です。

$$45,000 円 ÷ 0.01500 ポンド ÷ 150.000 円 = 20,000 通貨$$

20,000通貨でエントリーし、150pipsでロスカットすると45,000円の損失に限定されます。

ただし決済時、決済通貨である「ポンド／円」のレートが150.000円とは限りません。決済時のレートが150.000円から上下すれば損失金額も異なってきます。

3）注目ポイント

例3と例4とでは、同じ証拠金と同じリスク許容にもかかわらず、決済通貨が異なることでポジションサイズも異なっています。これは大事なポイントです。

ポジションサイズの算出方法はトレードをするときの必須知識です。エントリーする前に最大許容損失金額がわかっていることは大前提です。リスク許容から逆算して適正なポジションサイズを知り、その範囲でエントリーすればリスクは限定できます。自分の意思でトレードに晒すリスクを限定し、コントロールできるのです。

自分の許容できる範囲かつ適正なポジションサイズでエントリーしていれば、ストップ決済になったときに損失金額に驚くことはなくなるはずです。

エントリー中も含み益や含み損に余計な感情を抱くことがなく、ストレスフリーで相場と向き合うことができるでしょう。

エントリー中にストレスを感じるのは、リスクを許容できていない証拠です。自分が許容できる身の丈に合ったポジションサイズでエントリーしましょう。

～第5節～
レバレッジの計算方法

　レバレッジの計算方法には、大きく、エントリー時のレバレッジの計算方法と、現在のレバレッジの計算方法の2つがあります。それぞれ解説します。

1）エントリー時のレバレッジの計算方法

　まず、以下の計算式を覚えたうえで、例5と例6の話に進んでください。

> レバレッジ
> ＝（基軸通貨の対円レート×ポジション数量）÷（有効証拠金）

例5

証拠金 300 万円
豪ドル／円：82.500 円で 30,000 通貨保有した場合のレバレッジ

（説明）

　豪ドル／円の基軸通貨は「豪ドル」です。豪ドルの対円レートは豪ドル／円でした。

　この例の場合、豪ドル／円 = 82.500 円です。これは、82.500 円のとき、30,000 通貨分の取引をするということを意味します。実際には 82.500 円 × 30,000 通貨 =2,475,000 円分の取引をしています。

　証拠金 3,000,000 円に対して 2,475,000 円分の取引。これを計算すると「2,475,000 円 ÷ 3,000,000 円 = 0.825 倍」になります。

　したがって、この場合のレバレッジは 0.825 倍です。

例6

証拠金 300 万円

ポンド／ドル：1.32500 ドルで 30,000 通貨保有した場合のレバレッジ
ポンド／円：145.500 円

（説明）

　ポンド／ドルの基軸通貨は「ポンド」です。ポンドの対円レートはポンド／円でした。

　この例の場合、ポンド／円 = 145.500 円です。これは、145.500 円のとき、30,000 通貨分の取引をすることを意味します。実際には 145.500 円 × 30,000 通貨 =4,365,000 円の取引をしています。

　証拠金 3,000,000 円に対して 4,365,000 円分の取引。これを計算すると「4,365,000 円 ÷ 3,000,000 円 = 1.455 倍」になります。

　したがって、この場合のレバレッジは 1.455 倍です。

2）注目ポイント

例5と例6を見ると、同じ30,000通貨でエントリーしても、基軸通貨が異なることでレバレッジも異なることがわかります。これは大事なポイントです。

このように基軸通貨はレバレッジ、必要証拠金、取引数量の計算に使われます。

3）現在のレバレッジの計算方法

続いて、現在のレバレッジの計算方法について説明します。以下をご覧ください。

◎日本のFX会社の最大レバレッジ＝25倍（2018年現在）
◎証拠金維持率100％＝レバレッジ25倍＝強制ロスカット
◎レバレッジ1倍＝証拠金維持率2,500％
　・レバレッジ＝2,500％÷証拠金維持率
　・証拠金維持率＝2,500％÷レバレッジ

以上を踏まえて、例7と例8を見てください。

例7

証拠金維持率500％のときのレバレッジを求める計算式は次の通りです。

$$2,500\% \div 500\% = 5$$

このときのレバレッジは5倍です。

例8

レバレッジ3倍のときの証拠金維持率を求める計算式は次の通りです。

$$2{,}500\% \div 3 = 833.333\cdots\%$$

このときの証拠金維持率は833.333％です。

～第6節～
リスクリワードの計算方法

　本節では、リスクリワードの計算方法を紹介します。リスク（損失の可能性）を差し出してそれ以上のリワード（報酬）を狙うのが投資の基本的な考え方です。

　FXトレードでも同様です。リスク＞リワードならばトレードをする価値を見出せません。リスク＜リワードであればトレードを検討できます。

　このように、トレーダーとして、リスクとリワードの比率を事前に把握しておく必要があります。

例9

通貨ペア：カナダドル／円
買い価格：90.855円
ストップ価格：89.855円
リミット価格：92.505円

　まず、ストップまでの値幅を計算します（リスク）。

$$89.855円 － 90.855円 ＝ －1円$$

次に、リミットまでの値幅を計算します（リワード）。

$$92.505 円 - 90.855 円 = 1.65 円$$

リスク1円に対しリワード1.65円なので、リスクリワード比率は「1：1.65」ということがわかります。

～第7節～
損益の計算方法

　続いて、損益の計算方法を紹介します。「円」を含む通貨ペアと「円」を含まない通貨ペアの例題で説明していきます。

　「円」を含む通貨ペアでは円貨計算が不要です。「円」を含まない通貨ペアでは円貨計算が必要になります。その点だけ理解すれば簡単に計算できます。

1）「円」を含む通貨ペアの場合

　以下が計算式です。これを覚えたうえで、例10に進んでください。

> 損益＝値幅×ポジション数量

例10

ユーロ／円
買い価格：130.000円
売り価格：133.000円
ポジション数量：20,000通貨

(説明)

　決済通貨は円なので円貨計算は不要です。したがって、値幅と損益は以下のようになります。

→値幅＝ 133.000 円− 130.000 円 =3 円（300pips）
→損益＝ 3 円× 20,000 通貨 =60,000 円

　なお、値幅の計算時には必ず「売値 − 買値」と覚えておくとよいでしょう。「売値 − 買値」がマイナスになれば損益もマイナスになります。

2）「円」を含まない通貨ペアの場合

　以下が計算式です。これを覚えたうえで、例11の話に進んでください。

> 損益＝値幅×ポジション数量×決済通貨の対円レート

例11

ユーロ／ポンド
買い価格：0.75000 ポンド
売り価格：0.78000 ポンド
ポジション数量：20,000 通貨
ポンド／円：150.000 円

　決済通貨はポンドです。円貨計算するにはポンド／円のレートが必要です。

→値幅＝ 0.78000 ポンドー 0.75000 ポンド =0.03 ポンド（300pips）
→損益＝ 0.03 ポンド× 20,000 通貨× 150.000 円 =90,000 円

3）注目ポイント

　例 10 と例 11 を比較すると、同じ 20,000 通貨で 300pips 獲得しているにもかかわらず、決済通貨が異なるため、結果的に収益も異なっています。これも重要ポイントです。

～第8節～
確認テスト

テストを通して、これまで学んできたことの確認をしましょう。

Q1：以下の条件下での期待値を計算しなさい。

◎勝率 55%
◎リスクリワード 1：1.5
◎1トレード当たりの平均利益＝ 45,000円
◎1トレード当たりの平均損失＝ 30,000円

(解答)

この場合の期待値の計算式は、次の通りです。

(0.55 × 45,000円) －｛(1 － 0.55) ×30,000円｝
＝ 24,750円－ 13,500円 ＝11,250円

したがって、11,250円が正解です。

> **Q2：以下の条件下での期待値を計算しなさい**
>
> ◎勝率 60%
> ◎リスクリワード 1 : 0.8
> ◎1トレード当たりの平均利益＝ 120pips
> ◎1トレード当たりの平均損失＝ 150pips

（解答）

　この場合の期待値の計算式は、次の通りです。

(0.6 × 120pips) －｛(1 － 0.6) ×150pips｝
＝ 72pips － 60pips=12pips

　したがって、12pips が正解です。

Q.3：以下の条件下での平均コストを計算しなさい。

通貨ペア：NZドル／円

買い価格	建玉数量	取引金額
75.5円	10,000通貨	
75.3円	10,000通貨	
75.1円	10,000通貨	
74.9円	10,000通貨	
74.7円	10,000通貨	
合計		
平均		

（解答）

正解は、次の表の通りです。

買い価格	建玉数量	取引金額
75.5円	10,000通貨	755,000円
75.3円	10,000通貨	753,000円
75.1円	10,000通貨	751,000円
74.9円	10,000通貨	749,000円
74.7円	10,000通貨	747,000円
合計	50,000通貨	3,755,000円
平均	3,755,000÷50,000通貨＝	75.1円

Q.4：以下の条件下での平均コストを計算しなさい。

通貨ペア：ユーロ／ドル

売り価格	建玉数量	取引金額
1.195ドル	5,000通貨	
1.196ドル	7,000通貨	
1.197ドル	9,000通貨	
1.198ドル	11,000通貨	
1.199ドル	13,000通貨	
1.20ドル	15,000通貨	
合計		
平均		

（解答）

　正解は、次の表の通りです。

売り価格	建玉数量	取引金額
1.195ドル	5,000通貨	5,975ドル
1.196ドル	7,000通貨	8,372ドル
1.197ドル	9,000通貨	10,773ドル
1.198ドル	11,000通貨	13,178ドル
1.199ドル	13,000通貨	15,587ドル
1.20ドル	15,000通貨	18,000ドル
合計	60,000通貨	71,885ドル
平均	71,885ドル ÷ 60,000通貨	＝1.19808333ドル

Q.5：以下の条件下でのポジションサイズを計算しなさい

証拠金：300万円
リスク許容（%）：1.0%
リスク許容（pips）：150pips
通貨ペア：豪ドル／円

（解答）

まず、リスク許容金額を計算します。

$$3{,}000{,}000 円 \times 1.0\% = 30{,}000 円$$

豪ドル／円の150pipsは1.5円なので、以下の計算式を使います。

$$30{,}000 円 \div 1.5 円 = 20{,}000 通貨$$

したがって、20,000通貨が正解です。

Q.6 以下の条件下でのポジションサイズを計算しなさい。

証拠金：800万円
リスク許容（%）：1.2%
リスク許容（pips）：170pips
通貨ペア：ポンド／円

（解答）

まず、リスク許容金額を計算します。

$$8,000,000 円 × 1.2\% = 96,000 円$$

ポンド／円の170pipsは1.7円なので、以下の計算式となります。

$$96,000 円 ÷ 1.7 円 = 56,470.5882…通貨$$

したがって、56,470通貨が正解です。

> **Q.7：以下の条件下でのポジションサイズを計算しなさい**
>
> 証拠金：2,000万円
> リスク許容（%）：0.75%
> リスク許容（pips）：110pips
> 通貨ペア：ユーロ／カナダドル
> ユーロ／円：130.150円
> カナダドル／円：85.750円

（解答）

まず、リスク許容金額を計算します。

$$2,000 万円 \times 0.75\% = 150,000 円$$

ユーロ／カナダドルの110pipsは0.01100カナダドルです。また、決済通貨はカナダドルです。この条件での計算式は次の通りです。

$$150,000 円 \div 0.01100 カナダドル \div 85.750 円 = 159,024.6488\cdots$$

したがって、159,024通貨が正解です。

コラム：pips 表示について

「pips」とは percentage in points の略で、為替レートの変動幅を表す単位のことです。「円」を含む通貨ペアと「円」を含まない通貨ペアの pips 表記の方法を覚えておきましょう。

1）「円」を含む通貨ペア

例えば、ドル／円の場合、以下のようになります。

100pips ＝ 1.0 円
10pips ＝ 0.1 円
1pips=0.01 円

2）「円」を含まない通貨ペア

例えば、ユーロ／ドルの場合、以下のようになります。

100pips ＝ 0.01 ドル
10pips ＝ 0.001 ドル
1pips ＝ 0.0001 ドル

簡単に計算する方法があります。

①「円」を含む通貨ペアの場合
pips →決済通貨（円）　　pips ÷ 100
決済通貨（円）→ pips　　決済通貨（円）×100

例えば、ポンド／円で 150pips は 150pips ÷ 100 = 1.5 円です。

② 「円」を含まない通貨ペアの場合
pips → 決済通貨（円以外）　　pips ÷ 10,000
決済通貨（円以外）→ pips　　決済通貨（円以外）× 10,000

　例えば、豪ドル／スイスフランで 0.00755 スイスフランは 0.00755 × 10,000 = 75.5pips です。

Q.8：以下の条件下でのポジションサイズを計算しなさい。

証拠金：5,000 万円
リスク許容（％）：0.25％
リスク許容（pips）：90pips
通貨ペア：豪ドル／NZ ドル
豪ドル／円：82.400 円
NZ ドル／円：75.750 円

（解答）
まず、リスク許容金額を計算します。

$$5,000 万円 \times 0.25\% = 125,000 円$$

豪ドル／NZ ドルの 90pips は 0.00900NZ ドルです。また、決済通貨は NZ ドルです。この条件での計算式は次のようになります。

$$125,000 円 \div 0.00900NZ ドル \div 75.750 円 = 183,351.6685 \cdots 通貨$$

したがって、183,351 通貨が正解です。

> **Q.9：以下の条件下でのエントリー時のレバレッジを計算しなさい。**
>
> 証拠金：150 万円
> 通貨ペア：ドル／円
> エントリー数量：45,000 通貨
> ドル／円：114.525 円

（解答）

まず取引金額を計算します。

$$114.525 円 × 45,000 通貨 = 5,153,625 円$$

次に証拠金との割合を計算します。

取引金額 5,153,625 円 ÷ 証拠金 1,500,000 円 = 3.43575 倍

したがって、レバレッジは 3.43575 倍となります。

> **Q.10：以下の条件下でのエントリー時のレバレッジを計算しなさい。**
>
> 証拠金：700万円
> 通貨ペア：カナダドル／スイスフラン
> エントリー数量：130,000通貨
> カナダドル／円：86.355円
> スイスフラン／円：112.855円

(解答)

まず取引金額を計算します。レバレッジの計算に必要なのは基軸通貨の対円レートでした。今回の例の基軸通貨は左側に表記されているカナダドルです。つまり、基軸通貨であるカナダドルの対円レート＝カナダドル／円のレート：86.355円が必要となります。

次に取引数量を計算します。カナダドル／円＝86.355円のときに130,000通貨で取引するので、以下のように11,226,150円分の取引をしていることになります。

$$86.355 円 \times 130,000 通貨 = 11,226,150 円$$

最後に証拠金との割合を計算します。

取引金額11,226,150円÷証拠金7,000,000円＝1.60373571…倍

したがって、レバレッジは約1.604倍となります。

> **Q.11：証拠金維持率 750%の場合のレバレッジを計算しなさい。**

(解答)

　証拠金維持率 750% の場合のレバレッジは、以下の計算式で算出されます。

$$2,500\% \div 750\% = 3.33333\cdots 倍$$

したがって、約 3.333 倍が正解です。

> **Q.12：レバレッジ 4.5 倍時の証拠金維持率を計算しなさい。**

(解答)

レバレッジ 4.5 倍時の証拠金維持率は、以下の計算式で算出されます。

$$2,500\% \div 4.5 倍 = 555.555555\cdots \%$$

したがって、約 555.555% が正解です。

Q.13：以下の条件下でのリスクリワードを計算しなさい。

通貨ペア：NZ ドル／円
買い価格：80.555 円
ストップ価格：79.855 円
リミット価格：82.445 円

（解答）
　まず、ストップまでの値幅を計算します（リスク）。

$$79.855 円 － 80.555 円 ＝ －0.7 円（70pips）$$

　次に、リミットまでの値幅を計算します（リワード）。

$$82.445 円 － 80.555 円 ＝ 1.89 円（189pips）$$

　リスク0.7円に対しリワード1.89円なので、リスクリワード比率は0.7：1.89 です。このままの場合、リスクリワード比率は0.7：1.89ですが、わかりやすいようにリスクを1とします。左辺を0.7で割るとリスクが1になります。右辺も同様に0.7で割ります（1.89÷0.7 = 2.7）。
　したがって、「1：2.7」が正解です。

> **Q.14：以下の条件下でのリスクリワードを計算しなさい。**
>
> 通貨ペア：ドル／カナダドル
> 売り価格：1.33555
> ストップ価格：1.34355 カナダドル
> リミット価格：1.31155 カナダドル

(解答)

まず、ストップまでの値幅を計算します（リスク）。

1.33555 カナダドル − 1.34355 カナダドル＝− 0.008 カナダドル

次に、リミットまでの値幅を計算します（リワード）。

1.33555 カナダドル − 1.31155 カナダドル＝ 0.024 カナダドル

このままの場合、リスクリワード比率は 0.008：0.024 ですが、わかりやすいようにリスクを1とします。

左辺を 0.008 で割るとリスクが1になります。右辺も同様に 0.008 で割ると、3になります。したがって、「1：3」が正解です。

Q.15：以下の条件下での損益を計算しなさい

通貨ペア：ドル／円
買い価格：107.825 円
売り価格：109.375 円
ポジション数量：55,000 通貨

（解答）

まず、値幅を計算します。「売値－買値」で求めます。

$$109.375 円 － 107.825 円 ＝ 1.55 円$$

次に、ポジションサイズを考慮します。次の計算式です。

$$1.55 円 × 55,000 通貨 ＝ 85,250 円$$

したがって、85,250 円が正解です。

Q.16：以下の条件下での損益を計算しなさい。

通貨ペア：スイスフラン／円
買い価格：110.805 円
売り価格：109.405 円
ポジション数量：125,000 通貨

(解答)

まず、値幅を計算します。「売値－買値」で求めます。

$$109.405 円 － 110.805 円 ＝ －1.4 円$$

次に、ポジションサイズを考慮します。次の計算式です。

$$－1.4 円 \times 125,000 通貨 ＝ －175,000 円$$

したがって、－175,000 円が正解です。

> **Q.17：以下の条件下での損益を計算しなさい。**
>
> 通貨ペア：ユーロ／ドル
> 買い価格：1.15425 ドル
> 売り価格：1.17845 ドル
> ポジション数量：75,000 通貨
> ユーロ／円：130.800 円
> ドル／円：110.993 円

(解答)

まずは、値幅を計算します。

$$1.17845 \text{ ドル} - 1.15425 \text{ ドル} = 0.0242 \text{ ドル}$$

次に、決済通貨であるドル／円のレートを使います。

$$0.0242 \text{ ドル} \times 75,000 \text{ 通貨} \times 110.993 \text{ 円} = 201,452.295 \text{ 円}$$

したがって、201,452 円が正解です。

Q.18：以下の条件下での損益を計算しなさい。

通貨ペア：ポンド／豪ドル
買い価格：1.77385 豪ドル
売り価格：1.74245 豪ドル
ポジション数量：200,000 通貨
ポンド／円：146.700 円
豪ドル／円：84.192 円

(解答)

まず、値幅を計算します。

1.74245 豪ドル － 1.77385 豪ドル ＝ － 0.0314 豪ドル

次に、決済通貨である豪ドル／円のレートを使います。

－ 0.0314 豪ドル × 200,000 通貨 × 84.192 円 ＝ － 528,725.76 円

したがって、－ 528,725 円が正解です。

~第9節~
計算方法のまとめ

お疲れ様でした。ここまでの学びをまとめてみましょう。

1) 期待値の計算方法

①期待値を損益で計算したい場合
　　1トレード当たりの期待値（損益）
　　＝（勝率×平均利益）－｛(1－勝率)×平均損失｝

②期待値を値幅（pips）で計算したい場合
　　1トレード当たりの期待値（値幅）
　　＝（勝率×利益の平均値幅）－｛(1－勝率)×損失の平均値幅｝

2) 平均コストの計算方法

平均コスト
＝｛(取得価格①×建玉数量)＋(取得価格②×建玉数量)＋(取得価格③×建玉数量)＋……｝÷取引数量（トータルポジション）
※126ページで紹介した「平均コスト＝取引数量の合計÷建玉数量の合計」の計算式と同じ意味です

3）ポジションサイズの計算方法

① 「円」を含む通貨ペアの場合（円貨計算は不要）
　ポジションサイズ＝リスク許容（金額）÷ リスク許容（値幅）
② 「円」を含まない通貨ペアの場合（円貨計算が必要）
　ポジションサイズ
　＝リスク許容（金額）÷リスク許容（値幅）÷決済通貨の対円レート

4）レバレッジの計算方法

◎レバレッジ
　＝（基軸通貨の対円レート×ポジション数量）÷（有効証拠金）
◎レバレッジ＝ 2,500％÷証拠金維持率
◎証拠金維持率＝ 2,500％÷レバレッジ

5）リスクリワードの計算方法

　エントリー価格からストップまでの値幅（エントリー価格−ストップ）と、エントリー価格からリミットまでの値幅（リミット−エントリー価格）を計算し、リワード＞リスクであることを確認。

6）損益の計算方法

① 「円」を含む通貨ペアの場合（円貨計算は不要）
　損益＝値幅×ポジション数量
② 「円」を含まない通貨ペアの場合（円貨計算が必要）
　損益＝値幅×ポジション数量×決済通貨の対円レート

第5章

トレード許可証と実例紹介

～第1節～
トレード許可証（7つの手順）

　ここまで、トレードに必要な資金管理の知識や計算方法について学んできました。
　本節では、実際のトレードにおいて、資金管理の考え方をどのように活用していくのかについて説明していきます。

　まず、エントリーするときの行動を思い起こしてみてください。多くの方は、以下の流れになっていると思います。

　　　①チャート分析→②売買判断→③注文（エントリー）

本書では下記の手順を提案させていただきます。

①チャート分析→②売買判断→③トレード計画（検討）→④注文（エントリー）

　トレードでは、計画がすべてだと考えています。分析し、判断し、注文（エントリー）するという工程にもうひとつ、「トレード計画（検討）」という考え方を取り入れてみるのはいかがでしょうか？
　読者の皆さんも、大きな買い物をするときには「本当に今、買うべきかどうか」を、じっくり検討されるのではないでしょうか？　場合

によっては購入や売却を断念することもあるでしょう。トレードでも同じことです。よく検討してみてください。

「トレーダーは経営者である」という話を第2章で紹介しました。その立場で考えてみてください。無謀な計画だとしたら、許可を出す人はいないでしょう。衝動買い（売り）をするのではなく、しっかりと計画を立て、検討してからエントリーすることをお勧めします。

トレードでは、さまざまな決断を繰り返すことになります。まさに決断の連続です。自分で決断できなければトレードする資格はありません。

具体的にどうするのかというと、トレード計画時に、これから紹介する7つの項目についてチェックしながら自分に許可を下してください。そうすることで、自ずと規律ある資金管理トレードが実現するでしょう。

すべての項目をチェックし、許可を下すことができなければそのトレード計画はやり直しです。

このトレードにおける検討、計画、確認、決断の一連の流れを、本書では「トレード許可証」と表現しました。トレードごとに「トレード許可証」を自分に発行してトレードしていくわけです。順番に説明していきます。

1）トレード許可証①：ストップを置く（出口戦略1）

ストップの役割と考え方は以下の通りです。

①出口戦略のひとつ

ストップは損失を限定させて撤退する出口戦略のひとつです。エントリーする前に出口を決めておく必要があります。

これだけで、資金管理の４大要素の２つ「リスクリワードの要素」と「ロスカット」の要素の問題はクリアします。ストップを置かないエントリーは資金管理トレードではありません。

②自動的にロスカットしてくれる仕組み
　ストップは駄目なポジションを自動的にロスカットしてくれる仕組みです。常に相場を監視することができないときに特に役立ちます。
　自分の意思とは関係なく、あらかじめ設定した撤退ポイント（ライン、ゾーン）でロスカットしてくれます。

③相場の方向転換
　ロスカットは方向転換です。「間違いだと思ったら潔くロスカットする」が正しい決断です。ストップを損失の拡大方向に移動するなど、頑なになっていつまでも相場に刃向かう行為は得策とは言えません。

④建値ストップで利益を守る／リスクフリーにする
　ストップには、「利益を守る」という、もうひとつの使い方があります。十分な含み益がある場合など、売値下（買値上）にストップオーダーを置くことで、含み益を失わなくてもすみます。これは、トレーリング・ストップとも呼ばれています。

2）トレード許可証②：平均コストを決める＆リスク許容（値幅）が決まる

　買い物をするときのことを考えてみてください。すぐに買うでしょうか？　すぐに売るでしょうか？
　欲しいからすぐに買う、いらないからすぐに売る、ということができればいいのですが、価格が手頃でないときは、購入や売却を断念するケースもあるのではないでしょうか？　購入や売却は、自分の資金

や予算に応じて決めるのです。

　これは、トレードでも同じことです。自分が納得できる価格で買い、また売る。それが平均コストの考え方です。トレードでは買値も売値も、自分で決めることができるものです（相手が売ってくれるか、買ってくれるかはまた別の話です）。

　また、ここで平均コストが決まると、ストップまでのリスク許容（値幅）も決まります。

3）トレード許可証③：リミットを決める（出口戦略2）

　リミットとは、利益確定（のシナリオ）のことです。本書では、分割で決済していく方法をお勧めしています。

4）トレード許可証④：リスク許容（金額）を決める

　まずは自分のリスク許容を知る必要があります。1回のトレードに晒す最大損失許容金額の設定をするのです。

　リスクを上手に許容できていないと、エントリー中、チャート分析や投資判断を冷静に行うことができなくなる恐れがあります。リスクの取り方次第では、ストレスを感じ、メンタルが崩れ、穏やかでない時間を過ごすことも懸念されます。なかには、含み益であったとしても不安や恐怖を感じてしまう人もいるでしょう。

　実際、「最大損失許容金額を目の前に現金で置いてみてどう感じるか」をチェックしてみてはいかがでしょうか？

　リスクの取り過ぎは禁物ですが、そのリスクは自分で決めるものです。想定外はありません。

　とはいうものの、頭ではわかっているのに、実際にリスクを許容す

ることができない人は思いのほか多くいるのではないでしょうか？

　自分自身を許容すること。また相手を許容すること。同じように相場も許容することです！

　許容できなければ相場に入る必要はありません。無理に許容する必要もありません。許容できる範囲でエントリーすればよいのです。リスクを晒してまでエントリーする価値があるかないか。今一度、確認することです。

　例えば、宝くじです。これは、値段が300円だから購入しているのだと思います。購入することで300円の損失を許容していることになります。外れても、300円の損失なら納得できているわけです。

　もし、宝くじが1枚3万円だったらどうでしょうか？　もともと期待値が小さいうえに3万円もするならば、誰も見向きもしないでしょう。

　平均コストとは、買ってもよい、売ってもよい価格のことでした。リスク許容（金額）とは、期待される報酬と引き換えに失っても納得のできる"最大損失許容金額"のことです。そして、このリスク許容（金額）の設定こそが、資金管理トレードの肝になるのです！

　一方で、リスクを取らなければリターンもないという事実があります。トレードはリスクを限定させながら、それに見合ったリターンを得ていく行動です。

　なお、はじめは目先の金額ベースに焦点を当ててしまいがちになるかもしれませんが、複利運用を視野に入れるならば、証拠金に対しての割合（率）で考えるほうが好ましいです。

　要するに、金額を一定にするのではなく、割合（率）を一定に保つのです（第3章「複利運用を味方につける」参照）。

5）トレード許可証⑤：ポジションサイズを決める

　トレード許可証②とトレード許可証④から、適正なポジションサイズが算出できます。リスク許容が同じでも、通貨ペアによってポジションサイズが異なる点に注意しながら、正しい計算方法をマスターしてください。

6）トレード許可証⑥：リスクリワード・レバレッジを計算する

　ストップとリミットが決まれば、リスクリワードも決まります。
　また、同時に、レバレッジも決まります。レバレッジは借金であり、欲望計でもあることをお伝えしました。

◎本当に借金してまでエントリーする価値があるのか？
◎自分は欲と感情に支配されていないだろうか？

　上記の2点をエントリー前に再確認します。トレードに晒すリスクと引き換えになるリワード比率を確認するとよいでしょう。うま味のない取引にリスクを晒す価値はありません。

　「リスクリワードの考え方はトレード収益に多大な影響を与える」ということはすでにお伝えしました。リスクリワードを大きくしすぎて、勝率を落とすこともあります。勝率が高くてもリスクリワードが小さくなって、収益を圧迫することもあります。
　平均コストの考え方はもちろんのこと、入口や出口が明確になっていて、かつ、シナリオを構築できているならば、ここで、「本当にエントリーしてもよいのかどうか」、最後の確認作業をします。
　このとき、リスクリワードが小さければエントリーそのものを断念することがあってもよいと思います。

7) トレード許可証⑦：指値を分散する

　いよいよ注文を出す作業に入ります。トレード許可証②で決めた価格が平均コストになるように分割で注文を出します。

　注文には、成行注文と指値注文があります。成行注文とは、現在の価格で取引することを意味します。成行注文には、計画したポジションを必ず造成できるメリットがあります。

　成行注文は、「今すぐポジションを持ちたい」という欲の表れです。上がるまで待ったり、下がるまで待ったりせず今すぐ注文を実現させる、それが成行注文です（待つ場合はチャート画面に張り付く必要があります）。成行注文で売買すれば、確実にポジションを持つことができます。

　一方で、指値注文とは、「自分が希望する価格になったら売買する」という予約注文の方法です。チャートをずっと監視できない場合にとても便利な注文方法です。

　どこまで相場が上がるか、それとも下がるかは、誰にもわかりません。そもそも、自分がチャートチェックした瞬間に、エントリーチャンスが到来するとは限りません（ほとんどないと考えたほうがいいでしょう）。このとき、相場シナリオに沿って、分割した指値注文を置くことで売買価格をゾーンとしてとらえます。相場が動くであろう価格の通り道に指値を置くイメージです。

　ただし、売買ゾーンをあまりに広範囲に設定すると、指値注文のうちわずかしか約定せず、計画した通りのポジションをすべて造成できない可能性があることも頭に入れておきたいところです。

　トレードでは、出口であるストップとリミットを明確に決めることができれば、「指値」で平均コストを自由に操り、以下のように、あ

る程度有利な局面（上がっても下がっても心地よい状態）を作り出すことができます。

◎売りの場合、上がれば指値が約定してくれる。下がれば含み益が増える
◎買いの場合、下がれば指値が約定してくれる。上がれば含み益が増える

　成行注文の利点と指値注文の利点の両方を組み合わせる注文方法もあります。例えば、エントリーするときには常に、成行で25％だけ発注し、残りの75％は指値で発注するという注文パターンです。この場合、少なくとも持ちたいポジション量の25％は確実に約定しますし、残りを指値にすることで、より良い平均コストを実現することが可能となります。

　そもそも、勝ちパターンであっても必ずしもエントリーする必要はありません。多くのトレーダーが勘違いしています。「買いサインが出たから買わなければならない」「売りサインが出たから売らなければならない」と反射的にエントリーしてしまいます。
　しかし、その行動パターンのままでいると、売買サインやテクニカルの奴隷から抜け出せません。売買サインは売買サインとして受け止めつつ、エントリーするかしないかは、私たち自身が決めるものです。意思決定の根拠は資金管理以外にありません。
　例えば、エントリーが割に合わない（リスクリワードが低い）ときには見送ることも当然あります。自分が買い物をするときのことを考えてみましょう。

①**予算**
②**市場価格**
③**購入時期**

これらのことをよく吟味してから、本当に買う必要があるかどうかを検討するはずです。衝動買いをしたことのある方は思い出してみてください。後悔することのほうが多いのではないでしょうか。
　FXも同じことだと考えます。日足以上のトレードをする場合には、検討する時間が十分あるはずです。デイトレードの場合は、当然、トレード許可証①〜⑦の資金管理の7つの要素すべてが準備できている状態でなければなりません。

トレード許可証

- ✓ ① ストップを決める 出口戦略①
- ✓ ② 平均コストを決める＆リスク許容（値幅）が決まる
- ✓ ③ リミットを決める 出口戦略②
- ✓ ④ リスク許容（金額）を決める
- ✓ ⑤ ポジションサイズを決める
- ✓ ⑥ レバレッジ・リスクリワードを計算する
- ✓ ⑦ 指値を分散する

トレード許可証の７つの項目をチェックし、「トレードする準備ができているのかどうか」を確認してからエントリーする癖をつけてください。

　それでは、次節以降で実際のチャートを使って、今までの話を具体的に見ていきましょう。

～第2節～
実例①

本節からは実際の例を使って解説していきます。

◆2018年5月18日

　チャートを使いながら、トレード許可証に基づいて、資金管理トレードの実際を見ていきましょう。
　日足チャート分析では、それまで下落トレンドだった相場が、終値で−1シグマラインを上回ったことで、いったんはトレンドの調整が入りやすい状態になったと判断します（鹿子木式勝ちパターン1の買い。巻末付録参照）。
　しかし、調整上昇と判断したからといってすぐに注文してはいけません。検討し、計画し、確認後に決断する手順で進めます。

　トレードは、まず自分でシナリオを立てることから始まります。チャート分析後、自分が描いたシナリオを明確にしていく作業が必要です。
　そのために、出口戦略であるストップ価格（損失確定シナリオ）とリミット価格（利益確定シナリオ）を設定し、次にエントリー戦略である平均コスト（オークションシナリオ）を調整していくのです。
「ストップ価格」「リミット価格」「平均コスト」、それぞれ、指値注文を使えば、チャート上に自分が描いたシナリオを表現できます。そ

のためには入口と出口が明確である必要があります。今回は上昇をメインシナリオとし、下落をサブシナリオとしました。

　それではここから「トレード許可証」に基づいてトレード計画を立てていきます。

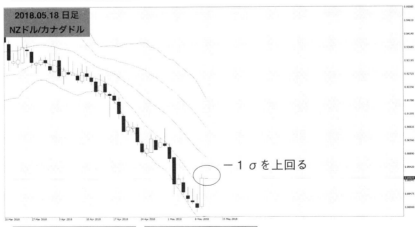

2018.05.18 NZドル／カナダドル
日足　勝ちパターン１　買いエントリー
証拠金：5,000,000円
リスク許容（金額）：1.0%
リスク許容（値幅）：0.01300 カナダドル（130pips）

175

1）トレード許可証①：ストップを決める（出口戦略①）

　まず何よりも先にストップをどこに置くかを決める必要があります。今回は－2シグマライン付近の0.87500カナダドルに置くことにしました（次ページ上段のチャート）。

　ストップ注文は必ず入れるようにしてください。ストップ価格が決まらないとポジションサイズを決めることができないからです。ストップが置けないならば、エントリーすべきではありません。出口が見えない相場にエントリーするなど言語道断です。ストップが置けないと、相場で唯一コントロールできるリスク限定を放棄することになります。最初にストップを置くことでサブシナリオである損切りシナリオを描くのです。

2）トレード許可証②：平均コストを決める＆リスク許容（値幅）が決まる

　次に、エントリーしてもよいと思える価格を決める必要があります。この場合は『平均希望購入価格』ですね。今回は－1シグマライン付近の0.88800カナダドルに設定します。

　ストップ価格と平均コストが決まったので自ずとリスク許容（値幅）も決まりました（次ページ下段のチャート）。

リスク許容（値幅）＝ 0.87500カナダドルー 0.88800カナダドル
　　　　　　　　　＝－ 0.01300カナダドル（130pips）

　この平均コストの考え方がリスクリワードに重要な影響を与えます。利益最大化の考え方は、「平均コストをいかに良くし、リスクリワード比率を高めるか」に尽きるからです。

　トレードの基本は「安く買い、高く売る」です。この基本に則って

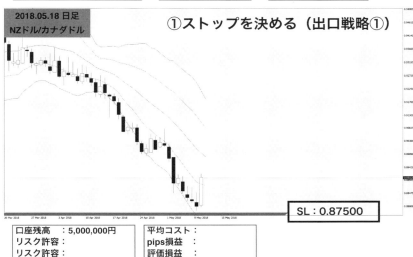

177

確立された勝ちパターンがあるならば、平均コストを調整することで収益も調整することができるようになります。

３）トレード許可証③：リミットを決める（出口戦略②）

次にリミット（利益確定価格）を決めます。もうひとつの出口戦略であり、メインシナリオとなるものです。今回はセンターライン付近、＋１シグマライン付近、＋２シグマライン付近をターゲットにし、分割決済していきます。価格はそれぞれ以下のようになります。

TP ① 0.89800 カナダドル
TP ② 0.90800 カナダドル
TP ③ 0.91800 カナダドル

※ TP とは、Take Profit（テイクプロフィット）のこと

補足：ストップと平均コストとリミットが決まると……

　ストップと平均コストとリミットが決まると（入口と出口が明確になると）、実は、リスクリワードも見えてきます。
　リスクリワードは、後述の「トレード許可証⑥」にて詳しく説明しているように、エントリーすべきかどうかを検討するときの基準になります。具体的には以下に注目します。

・平均コストからストップまでの値幅＜平均コストからリミットまでの値幅　←　エントリーを検討
・平均コストからストップまでの値幅＞平均コストからリミットまでの値幅　←　エントリーは見送り

　平均コストからストップまでの値幅よりも、平均コストからリミットまでの値幅のほうが大きければエントリーを検討できるという理屈です。

　今回の実例①の場合、184ページに示しているように、TP①に関しては、数値的には見送りですが、TP②、TP③も考慮して平均すると有利なリスクリワードが見込まれますので、エントリーを許可します。TP①を見送り、TP②、TP③のみ注文を出すことも可能です。

4）トレード許可証④：リスク許容（金額）を決める

　入口と出口が明確になったので、次に調整できることは最大損失金額です。私たちは自分で自由に最大損失金額というリスクを設定することができます。ただし、自由に設定できますが、一回のトレードに晒すリスクが大きければ大きいほど破産の確率が高まることについては学んだ通りです。

　自分が扱える範囲の金額、失っても許容できる金額に設定することで、トレードでストレスを受けなくなります。日中、自分のポジションが気になるという場合は、リスクが高すぎる可能性や、リスクを許容できていない可能性が考えられます。とにかくトレードで抱えるストレスを軽減することです。資金管理とリスク管理でストレスが軽減でき、メンタルが安定するなら、それに越したことはありません。

　今回の例では、リスク許容金額を証拠金の１％に当たる50,000円に設定しました。

5）トレード許可証⑤：ポジションサイズを決める

　リスク許容（値幅と金額）が決まったので、適正なポジションサイズを算出することができます。

ポジションサイズ
＝リスク許容（金額）÷リスク許容（値幅）÷決済通貨の対円レート

　NZドル／カナダドルの決済通貨はカナダドルです。カナダドルの対円レート：85.880円のレートで円貨計算する必要があります。このときの計算式は以下の通りです。

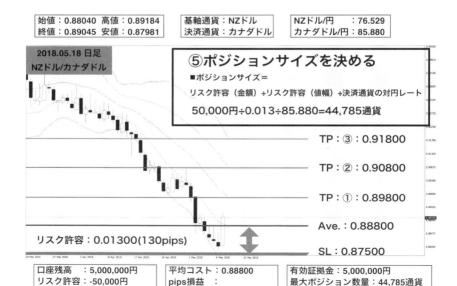

ポジションサイズ
＝ 50,000 円 ÷ 0.013 カナダドル ÷ 85.880 円 =44,785 通貨

　平均コスト 0.88800 カナダドル、44,785 通貨でエントリーすることができます。
　リスク許容から逆算してポジションサイズを決めることによって、ストップが約定した場合の損失額が、設定した 50,000 円で限定されるというわけです。
　これがエントリーする前に自分で設定したリスク許容金額を超えないポジションサイズの計算方法です。あらかじめ損失金額がわかっているので安心ですよね。このやり方は、必ずマスターしてください。

6）トレード許可証⑥：レバレッジ・リスクリワードを計算する

　ポジションサイズが決まったので、今度はレバレッジを計算します。計算方法は以下の通りです。

レバレッジ
＝（基軸通貨の対円レート×ポジションサイズ）÷（有効証拠金）

　基軸通貨は NZ ドルです。

レバレッジ＝（76.529 円× 44,785 通貨）÷5,000,000 円＝ 0.685470253 倍

　第 4 章では、基軸通貨が異なると同じポジション数量でもレバレッジは異なることを学びました。リスク許容から適正なポジションサイズを決めることができれば、レバレッジはそれほど気にする必要はないのかもしれません。

しかし、エントリー前にレバレッジを確認しておくことは有益です。レバレッジは「借金」という考え方をお伝えしました。レバレッジ1倍超は「借金」だとすると、このトレードは借金してまで行う価値があるのか、自分に問いかけることができます。

　また、レバレッジは「欲望計」でもあります。自分の欲の深さを確認することも必要です。エントリー前に再確認してみましょう。

始値：0.88040	高値：0.89184	基軸通貨：NZドル	NZドル/円　　：76.529
終値：0.89045	安値：0.87981	決済通貨：カナダドル	カナダドル/円：85.880

2018.05.18 日足
NZドル/カナダドル

⑥レバレッジ・リスクリワードを計算する

・レバレッジ ＝（基軸通貨の対円レート×ポジション数量）÷（有効証拠金）
　　　　　　（76.529円×44,785通貨）÷5,000,000円＝0.685470253倍

リワード：0.03(300pips)
リワード：0.02(200pips)
リワード：0.01(100pips)
リスク許容：0.01300(130pips)

TP：③：0.91800
TP：②：0.90800
TP：①：0.89800
Ave.：0.88800
SL：0.87500

口座残高　　：5,000,000円	平均コスト：0.88800	有効証拠金：5,000,000円
リスク許容：-50,000円	pips損益　：	最大ポジション数量：44,785通貨
リスク許容：-0.013 (130pips)	評価損益　：	レバレッジ　　　　：0.685倍

183

次に、リスクリワードの確認をします。リスクは0.013（130pips）取っています。0.013（130pips）のリスクを晒してどれだけのリワードを狙ったトレードなのかを確認します。

TP① 0.89800 － 0.88800=0.01（100pips）
リスク0.013：リワード0.01 ＝ リスク1：リワード0.769230769230769
TP② 0.90800 － 0.88800=0.02（200pips）
リスク0.013：リワード0.02 ＝ リスク1：リワード1.538461538461538
TP③ 0.91800 － 0.88800=0.03（300pips）
リスク0.013：リワード0.03 ＝ リスク1：リワード2.307692307692308

　レバレッジを上げる欲と同じように、リスクリワード比率を大きくする欲もあります。
　レバレッジを上げる欲は、諸刃の剣にもなりかねませんが、リスクリワードを高くする欲はトレードでは必要な欲と言えるかもしれません。例えば、「リミット＞ストップ」であればエントリーしたい、「リミット＜ストップ」であればエントリーしたくない、という具合です。
　やみくもにリスクリワード比率を大きく設定すればよいわけでもありません。リスクリワードが大きくなるように、無理にストップを近くに、そしてリミットを遠くに置くのではなく、はじめに描いたシナリオに沿って狙えるリスクリワードを確認するだけです。
　ストップまでの値幅を小さくすればストップが約定しやすくなり、勝率が落ちる可能性が高まります。逆に、リミットを遠くに置けばリミットまで到達せずに相場が反転するケースもあると考えられます。

7）トレード許可証⑦：指値を分散する

　設定した平均コスト0.88800カナダドルになるように指値注文を分

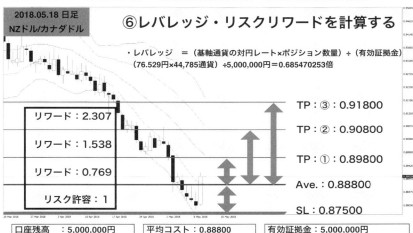

⑥レバレッジ・リスクリワードを計算する

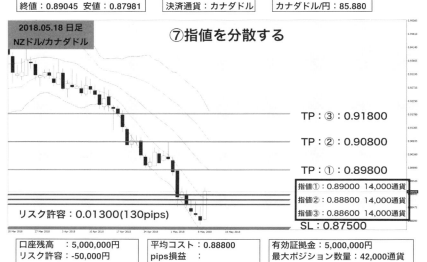

⑦指値を分散する

散していきます。

　最大ポジション数量が44,785通貨。今回は、トレード許可証②で決めた平均コストである0.88800カナダドルになるように、均等に3分割してみます（0.89000カナダドル、0.88800カナダドル、0.88600カナダドル。この3つのコストの平均は0.88800カナダドル）。44,785通貨÷3=14,928通貨。わかりやすく1,000通貨単位に揃え、指値1本当たりを14,000通貨で注文してみます。

　相場がどこまで下落する（押す）か、上昇する（戻る）かは誰にもわかりません。わからないことを前提に指値注文を活用するのです。押し目や戻りをピンポイントで当てるのではなく、ゾーンとして捉えることができれば、トレードにおけるストレスも軽減されます。

　そもそも、自分がエントリーしたいと思ったタイミングが相場のタイミングと一致することは稀です（成行注文は自分のタイミングと相場のタイミングが一致したときに行う注文方法ともいえるでしょう）。

　また、相場は波動です。波に飲み込まれることなく波に乗るために指値というツールを使いこなしましょう。「相場は波動である」ということを認識し、波の性質を理解し、その性質を利用するために指値を使うのです。

　ここまでがチャート分析後のトレード計画です。

　トレードを事業として考えてみてはいかがでしょうか？　トレードを事業だと考えるならば、エントリーする前にこれだけのことを検討、確認することの重要性を理解できることでしょう。

　エントリーする前からすでに資金管理は始まっています。そして、資金管理がわからなければエントリーはできないはずなのです。

　今回はすべての手順で許可を下せたので、エントリー開始です。翌日以降の相場の推移を見ていくことにしましょう（編集部注：話の展開上、1日経過するごとに紹介します）。

◆ 2018.05.21

　エントリー翌日、買い指値注文①②③すべて約定しました。14,000通貨×3ポジション=42,000通貨保有中です。平均コストは0.88800です。

　相場は波動でしたよね。どこまで押すか戻すかは誰にもわかりません。わからないなりに指値を使って価格の反転ポイントをゾーンとして捉えます(下図参照)。相場の価格の通り道に種を蒔いておくイメージです。

　相場の天底をピンポイントで当てるのは至難の業です。でも、ゾーンならば反転ポイントを捉えやすくなるので、ポジションメークもしやすいと思います。

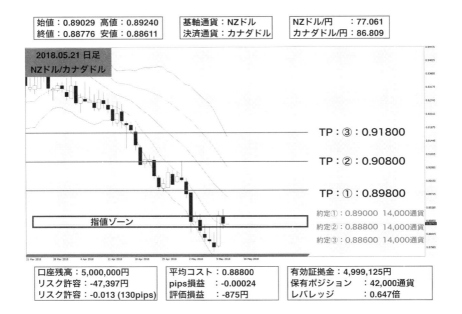

◆ 2018.05.22

　翌日もそのままポジションキープです。はじめに自分で描いたシナリオが崩れない限り観察を続けます。すでに計画したポジションを造成できていますから、あとは「実を結ぶか」を観察するだけです。

　現時点では指値が約定した後、元の価格まで戻しただけ。微益ですが含み益となっています。

　相場は波動という性質を利用して指値を活用できれば、値動きを伴う往来相場では利益になる確率は高まります。

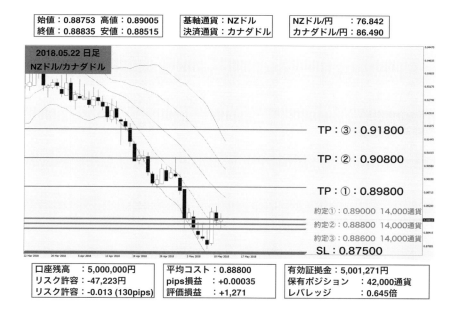

◆ 2018.05.23

　横ばいの動きです。−1シグマラインを終値で下回らない限り、上昇シナリオに変更はありませんので、引き続きポジションを保有します。

　この時点では含み損を抱えていますが、どのような感情を抱くでしょうか？　不快な気持ちになるでしょうか。焦る気持ちでしょうか。不安を感じるでしょうか？　もしくは、ワクワクして期待をしている人もいるかもしれません。

　それこそ、人によって、さまざまな感情が生まれると思いますが、ひとつだけ確実に言えることがあります。リスクを許容していれば動揺だけはしないはずです。

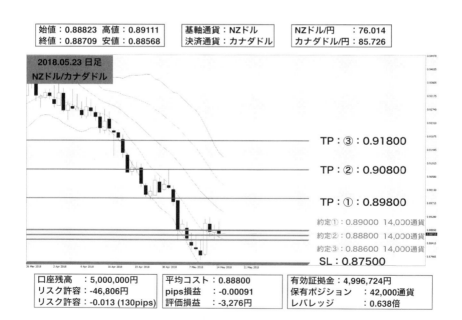

トレード許可証の手順で決めた適正なリスクと適正なポジションサイズは、エントリー後も重要な影響を与えます。ここを間違えてしまうと、私たちのメンタルは揺らぎます。ストレスを抱えるようになり、冷静な判断力を失ってしまう恐れも出てきます。含み損が怖くなり、本来であればしなくてもよいロスカットをしてしまったり、逆に、含み益が減るのを惜しんで、急いで利益確定してしまったりした経験はないでしょうか？

　こうなってしまうと、もうチャート分析とは関係なくなります。いわゆる「感情トレード」の出来上がりです。この状況を繰り返していると、遅かれ早かれ【自滅】してしまいます。そしてトレードも成長しません。

　日中は自分のポジションのことが気にならないくらいの状況を作り出すことが大切です。その状況を資金管理で作り出すのです。

◆ 2018.05.24

　上昇しましたが、リミット①にはわずかに届きませんでした。今回の例ではリミット到達まで待つことにしますが、実際のトレードではボリンジャーバンドのセンターラインに到達したようにも見えるので、この時点でポジションの一部を利益確定しておくのもよいでしょう（鹿子木式勝ちパターン１の利食い。巻末付録参照）。

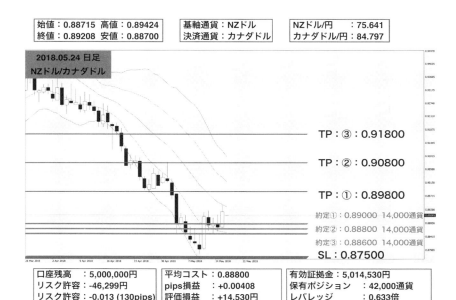

◆ 2018.05.25

リミット①が約定しました。このとき、コストの悪いポジション（高く買ったポジション）から決済していくことをお勧めしています。そうすることで平均コストが良くなっていきます。決済後の平均コストは0.88700カナダドルとなりました。獲得利益を計算してみましょう。

損益＝値幅×ポジション数量×決済通貨の対円レート

まずは値幅を求めます。「売値－買値」でしたね。

売値0.89800カナダドル－買値0.89000カナダドル＝0.008カナダドル
値幅0.008カナダドル×14,000通貨×84.212円＝9,431円

まずはポジションの一部を決済し9,431円の利益となりました。

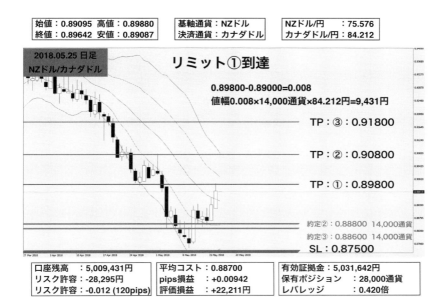

◆ 2018.05.28

　日足の＋１シグマラインにも到達しました。ここでさらにポジションの一部を利益確定しても構いません。含み益が＋35,075円ありますが、確定しなければ利益ではありません。段階的に利益を確定させることで、利益を担保として、次の戦略やほかの通貨ペアを観察する余裕が生まれてきます。

　同時に利益を守ることを検討しはじめる場面でもあります。トレンドの調整の最終ターゲットが＋２シグマラインとするならば、現在＋１シグマラインまで調整していることで、ある程度調整の達成感もあります。また本来の下落トレンドに戻る可能性も考えておく必要があります。

利益は利食い決済して確定してしまう方法のほかに、ストップを買値上に上げる方法でも守ることができます。これがストップのもうひとつの使い方です。買った価格よりも市場価格が上昇し利益が乗っている状態で、ストップを買った価格よりも上に移動しておけばよいのです。これを「買値上ストップ」と言います（下図参照）。

　売りの場合は逆です。売った価格よりも市場価格が下落し利益が乗っている状態で、ストップを売った価格よりも下に移動しておけばよいのです。これを「売値下ストップ」と言います。

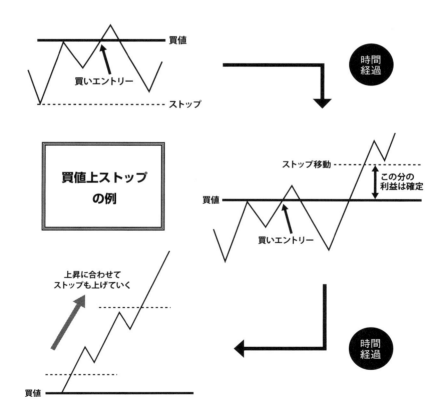

◆ 2018.05.29

＋１シグマラインで上値を抑えられたようにも見えます。ここで悔しいと感じる場合はやはりポジションの一部、もしくは半分ほどを利益確定しておくことです。

もちろん、シナリオ通りに推移していると判断できれば、そのままポジションキープで構いません。今回の例ではポジションキープとします。

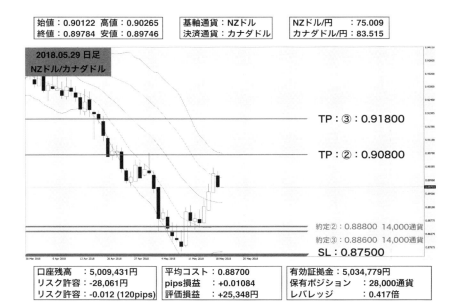

◆ 2018.05.30

　わずかにリミット②に届きませんでした。そろそろストップを買値上に上げておくことを検討してもよさそうです。すべて利益確定しても構いません。

　利益確定の判断はエントリーの判断よりも難しいです。シナリオを描いてリミットの設定はするものの、相場は刻々と変化しますから、当然、シナリオの調整も求められます。日足ならば、毎日１回、シナリオの調整が必要です。当然、利益確定ポイントも毎日変化していきます。

　トレーダーにとって大切なことは利益を手にすることです。これだけです。私たちがトレードする目的は利益を得るためのはずです。トレードする目的はテクニカルの証明でもなく、獲得 pips を誰かに自慢することでもなく、相場の天底を当てることでもありません。たとえ１pips でも、相場の天底がわからなくても、利益にすることが重要であるなら、利益確定はいつしてもよいという結論になります。

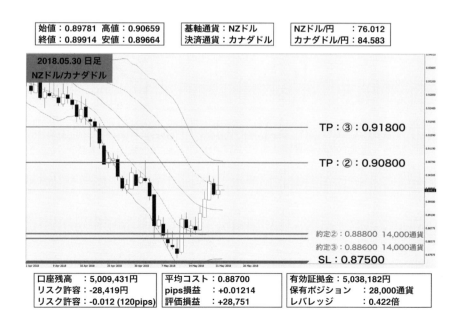

◆ 2018.05.31

リミット②も約定しました。損益計算してみましょう。まず値幅を求めます。以下のようになりました。

0.90800カナダドル−0.88800カナダドル=0.02カナダドル
値幅0.02カナダドル×14,000通貨×83,966円=23,510円（利益確定）

同時にストップを買値上の0.89500カナダドルに上げておきました。これで、リスクフリーとなり、ストップが約定しても買値から90pips上で約定することになりますから、＋10,579円の利益で終えることになります。このようなストップの使い方もあります。もちろん、この時点で全決済して含み益すべてを利益に変えても間違いではありません。

リスクフリーとなれば、ここから先はボーナスステージのようなものです。今後、下落しても買値上ストップが約定しても、90pipsの利益は確保できます。上昇してくれればさらに含み益が増えていくことになります。

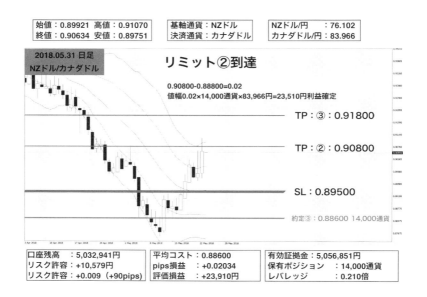

◆ 2018.06.22

その後、相場の潮目が変化し、単なる調整相場でなく、本格的な上昇相場に変わりました。リミット③到達です。損益計算は以下の通りです。

売値 0.91800 カナダドルー買値 0.88600 カナダドル
=0.032 カナダドル（320pips）
値幅 0.032 カナダドル×14,000 通貨×82.779 円=37,084 円（利益確定）

いかがだったでしょうか。トレード計画では証拠金に対して1%のリスクを許容しエントリーを決断しました。結果的に1.4%の収益増加を実現したトレードでした。

これが『トレード許可証』を使ったエントリー開始からエグジットまでの一連のトレード手順です。「トレードは資金管理そのもの」だということを理解していただけると思います。

コラム：トレードでは「万一」を考えてはダメ

「万一に備えて」「万一を想定して」。

　この考え方に違和感を持たない人は多いでしょう。むしろ大多数の人がこれを正しい考え方、堅実な考え方のように思うことでしょう。
　しかし、トレードの世界で生き残ろうとするなら、「万一」など考えてはダメです。
　万一とは、確率的には0.01％。0.01％なんて、ほとんどゼロと変わりません。万一などという考え方をしていたら、可能性を軽視し、忘れてしまいます。首都圏直下型大地震が起こる可能性だって万一ではありません。

　では、どう考えるか。「十に三つ」です。10回のうち3回は起こるかもしれないと考える。そうすることで、現実的な可能性として認識するようになり、不意を打たれたり、想定外と慌てたりすることはなくなります。
　私たちの資金管理は「万一」ではなく、常に「十に三つ」に備えているのです。

～第3節～
実例②

ここからは別の実例の話になります。時系列で追っていきます。

●

◆ 2018.05.04

終値で日足＋1シグマラインを下回りました（次ページ参照）。

しばらく上昇トレンドだった相場が日足＋1シグマラインを下回ったことで一旦はトレンドが調整すると考え、日足の－2シグマラインまでの下落をメインシナリオとしました。再び＋1シグマラインを上回り上昇トレンド再開がサブシナリオです。

上記シナリオを立て、売りエントリーを検討、計画、確認をしていきます（鹿子木式勝ちパターン1売り、巻末付録参照）。

トレード許可証に基づいてエントリーを考えていきます。

1）トレード許可証①：ストップを決める（出口戦略①）

何度も繰り返しますが、まずストップ価格を決める必要があります。最悪の事態に備えるためです。ストップで損失を限定するのです。ストップの設定が相場で唯一コントロールできることです。

リスク許容と合わせることで自分で最大損失許容金額を限定するこ

2018.05.04 ドル／円　日足

勝ちパターン1　売りエントリー

証拠金：10,000,000円

リスク許容（金額）：1.5%

リスク許容（値幅）：1円（100pips）

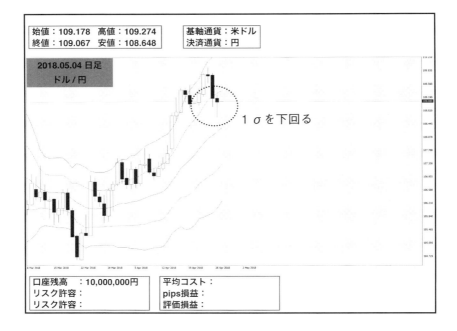

とができます。

　ストップはポジションサイズを算出するときにも必要な要素です。合わせて、資金管理の４大要素でもあるリスクリワードとロスカットの要素も含まれるほど重要なことは先に述べた通りです。

２）トレード許可証②：平均コストを決める＆リスク許容（値幅）が決まる

　次に、エントリーしてもよいと思える価格を決める必要があります。この場合は『平均希望売却価格』です。

　今回は、下落がメインシナリオです。仮に下落するならできるだけ高い価格で売りたいところですよね。

　このまま一気に下落するイメージを持つのではなく、やはり「相場は波動」だということを念頭に、「戻し」という小さな波を待ってから下落の波に乗りたいところです。

　「相場は波動」というイメージが持てるようになると、平均コストの考え方がしっくりくるでしょう。

　そして、平均コストの考え方が身につくと、指値注文を活用したトレード戦略に幅が出てきます。指値注文と成行注文を組み合わせた戦略のほか、売買ゾーンを指値注文だけで大きく捉えた分割エントリー、売買ゾーンを狭くし指値範囲を小さく捉えつつもストップも分散するエントリーといった戦略も考えられます（第６章「建玉の考え方」を参照）。今回の例では＋１シグマライン付近である109.300円としました。

　また、ストップ価格と平均コストが決まったので、リスク許容（値幅）も決まります。今回は、１円（100pips）です。

３）トレード許可証③：リミットを決める（出口戦略②）

　次にリミット（利益確定価格）を決めます。これはストップと対を

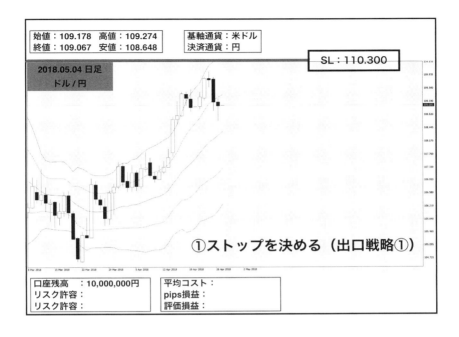

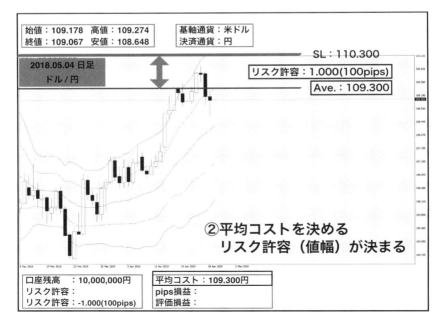

なすもうひとつの出口戦略であり、利益確定シナリオ（メインシナリオ）です。

今回はセンターライン付近、－1シグマライン付近、－2シグマライン付近をターゲットにし、分割決済していきます。価格はそれぞれ以下のように設定しました。

TP ① 106.300 円
TP ② 107.300 円
TP ③ 108.300 円

各シグマラインは時間の経過とともに上昇してくるので、リミットをシグマラインの上昇に合わせて毎日移動する戦略も考えられます。

4）トレード許可証④：リスク許容（金額）を決める

今回の例ではリスク許容を証拠金の1.5%に設定してみます。許容金額は150,000円です。リスク許容は誰かに決めてもらうのではなく、自分の性格や投資方針を考慮して、自身で決定する必要があります。許容できるリスクがわかってくるまで、極力リスクを小さく取ることから始めるのがよいでしょう。

リスクの取り方はトレードの肝です。実際、リスク許容次第でポジションサイズやリスクリワードが大きく変わってきます。

チャートを見ていないときに、保有ポジションが気になってしょうがないというストレスも、多くの場合、リスク許容が適切でないことから生まれています。

また、エントリー後、相場が自分の思惑と反対の動きをしたとき、ロスカットするか、ストップが約定するまで待つかという問題も、自身のリスク許容次第となってきます。

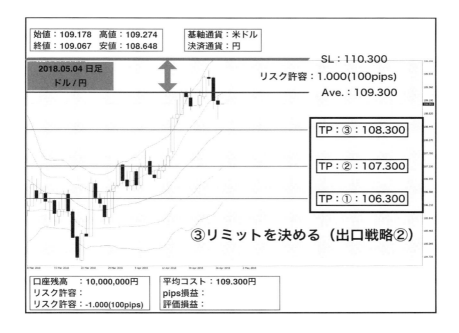

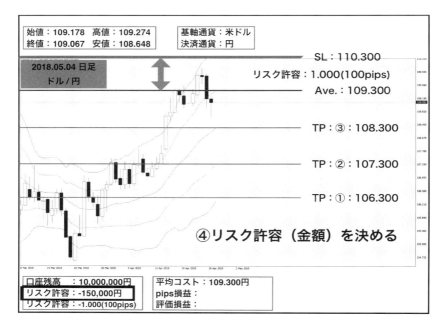

リスク許容はメンタルにも影響を及ぼします。冷静さを維持できるかどうかはリスク許容次第です。

エントリーしていないときやデモトレードでは、ニュートラルな気持ちで冷静にチャート分析できるのに、ポジションを持つといつの間にかチャート分析時にバイアスを掛けてしまったり、熱くなってしまうとしたら、それはリスク許容の問題です。不適切なリスク許容だと、ルールを逸脱したり、正しい行動を妨げてしまうことになります。

トレードは結局、資金管理と自己管理なのです。

5）トレード許可証⑤：ポジションサイズを決める

次にポジションサイズを決めます。決めるというよりはすでに決まっています。

先に設定したストップ価格と平均コストから許容 pips（値幅）が決まり、リスク許容金額を設定しているので、自動的にポジションサイズが決まってくるのです。

ポジションサイズ＝リスク許容（金額）÷リスク許容（値幅）

ドル／円の決済通貨は「円」ですので円貨計算は不要です。

ポジションサイズ＝ 150,0000 円÷ 1 円 =150,000 通貨

平均コスト 109.300 円、150,000 通貨でエントリーすることができます。

以上の計算方法を必ずマスターしてください。

ストップが約定したときに、自分の設定した最大リスク許容金額を

ストップが約定したときに、自分の設定した最大リスク許容金額を超えないポジションサイズを決定する方法です。リスクを自分でコントロールするために必要な算出方法です。

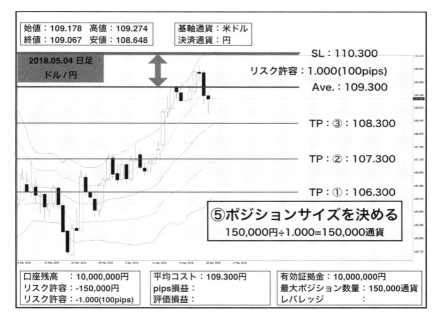

6）トレード許可証⑥：レバレッジ・リスクリワードを計算する

　レバレッジは以下の計算式で求めることができます。

レバレッジ
＝（基軸通貨の対円レート×ポジション数量）÷（有効証拠金）

　基軸通貨はドルです。

レバレッジ
＝（109.067 円× 150,000 通貨）÷ 10,000,000 円＝ 1.636005 倍

　今回は、計画したポジションが造成できるとレバレッジ 1.636 倍となることが事前に把握できます。
　レバレッジ 1 倍超は借金として考え、また欲望計として捉え、エントリーするかしないかを決断しましょう。

　続いて、リスクリワードを計算、確認してみます。リスクは 1 円（100pips）ですね。

リワード① 109.300 － 108.300＝1.000（100pips）
リスク 100pips：リワード 100pips＝ 1：1
リワード② 109.300 － 107.300＝2.000（200pips）
リスク 100pips：リワード 200pips＝ 1：2
リワード③ 109.300 － 106.300＝3.000（300pips）
リスク 100pips：リワード 300pips＝ 1：3

　トレードの欲には、レバレッジの欲のほか、「リミットを遠くに置

いてリスクリワードを高めようとする欲」も存在します。

　リスクリワードの欲は健全な欲です。もちろん、むやみやたらにリミットを遠くに置いても、利益確定できなければ意味がありません。

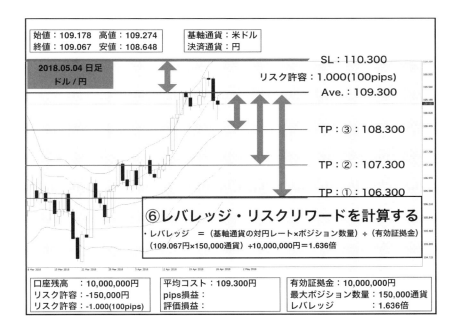

7）トレード許可証⑦：指値を分散する

例では指値を均等に3分割してみます。

ロット数の150,000通貨を3分割し、指値1本あたりを50,000通貨としました。

今回は＋1シグマライン付近に均等に3分割して、以下のように設定しました。

指値① 109.200円　50,000通貨
指値② 109.300円　50,000通貨
指値③ 109.400円　50,000通貨

今回もすべての項目を確認し、自分自身で許可を下してエントリーをしました。

この行動こそ、トレードは自己責任だということの表明です。誰かに決めてもらったり、誰かの真似をするものではありません。すべて自分で決断する必要があります。

自分で決断した以上、自分の責任でトレードしてください。他者の情報配信などを参考にすることがあっても、自分で決断できなければ自己責任とはいえません。

余談ですが、いつも他者の情報配信に依存していては、責任転嫁することになり、自分自身のトレードの成長を妨げることにもなります。

トレードを覚えたてのころは赤子のように依存することがあるかもしれません。しかし、いつまでも依存していると"自分で責任が取れない大人"のようなトレーダーになってしまいます。正しいトレード手順、プロセスを学んだならば、自分で考え、自分で判断し、自分で選び、自分で決断し、自分で責任を取るようにするのです。

トレードを事業として捉え、自分自身が経営者であることを自覚することで、誰にも依存せず、自立したトレードを確立していきましょう。そのために、この「トレード許可証」を活用していただければ幸いです。

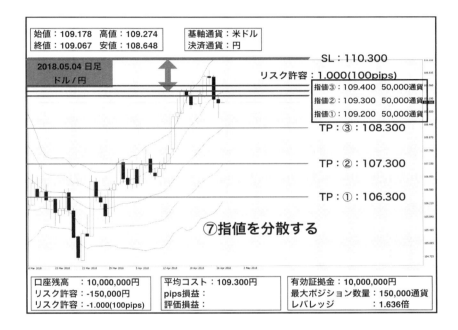

◆ 2018.05.07

いよいよエントリー開始です。

＋１シグマラインまで上昇し、指値①と指値②が約定しました。

エントリーした後は相場に委ねることが大切です。日中の含み損や含み益で一喜一憂したり、不安や恐怖を感じたりするならポジションサイズが適正でない可能性が高いです。つまり、リスクを許容できていないということです。

その場合は最大損失許容金額を見直すことをお勧めします。自分の身の丈に合った金額に抑えることで、余計な感情を抱くことなく、ストレスなく相場に入ることができるのではないでしょうか？

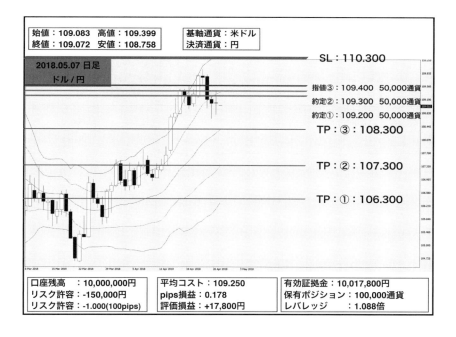

◆ 2018.05.08

　横ばいの動きです。シナリオが崩れない限り、ポジションキープです。

　日足でのトレードならば、1日1回のチャートチェックで済むという時間的なメリットがあります。

　チャートチェック時に「シナリオの変更なし」と判断したのであれば、ポジションをキープし、日中はトレードのことは忘れ、他のことに時間を使うことができます。

　ところが、デイトレードではそういうわけにはいきません。1分足を見て、5分足も見て、15分足も見て、1時間足も見て、時には4時間足、日足も見る必要があります。これはとても大変な作業です。

　また、咄嗟の判断が必要になり、瞬発力も問われます。厳格な資金管理が必要なことは言うまでもありません。

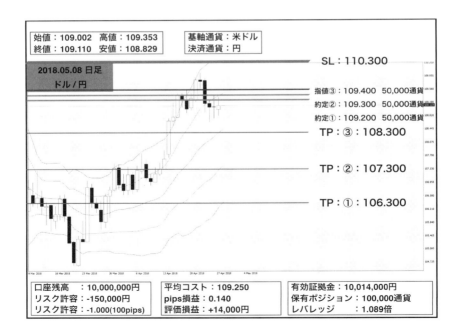

一方、スイングトレードならば、日足だけ、週足だけを見ていればトレードできてしまいます。トレードにかける時間もデイトレードより短縮でき、トレードによる余計なストレスも軽減できます。トレード時間が短縮されるので、シナリオを元に戦略を立てる時間にゆとりも生まれます。

　トレード時間を最小限にし、収益は最大化する恩恵を受けられる。そういうトレードを心がけたいものです。

　スイングトレードの利点は、短期足を無視してもよいという点にあります。**一方、デイトレードでは上位足を無視できません。**

　もちろん、短期足を見ることが悪いのではありません。短期足は増し玉に使うものだと考えます。ということは、「デイトレードは究極の増し玉」と考えることができます（第6章第3節　「増し玉の考え方」で扱います）。

◆ 2018.05.09

　上昇し、指値③も約定しました。

　同時に終値で日足＋１シグマラインを上回りました。

　ここで、サブシナリオへの切り替えが必要です。当初のメインシナリオは、調整相場が始まり、反落することでした。

　一方で日足＋１シグマラインを上回り、上昇トレンド再開をサブシナリオとしていました。

　このシナリオ通り行動できるかどうかは、トレードを継続するにあたって重要な決断になります。自分のシナリオ、トレードルールに沿って行動できるかどうかです。

　当然のことですが、日足のシナリオは毎日、週足のシナリオは毎週、月足のシナリオは毎月、もちろん４時間足のシナリオは４時間ごと、１時間足のシナリオは１時間ごとに変化します。

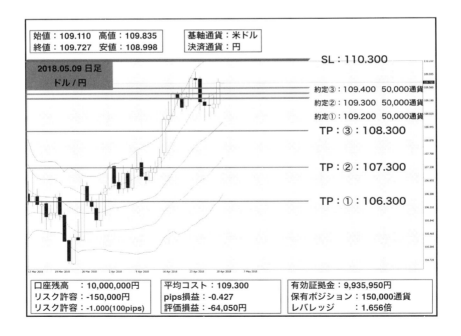

このシナリオの変化に対応できなければ、相場の変化にも対応できないということです。いつまでも自分の相場観に囚われていると、相場から取り残されていきます。
　トレンドとは、まさにそういうものでしょう。トレンドの発生を認めなければトレンドに乗り遅れ、取り残されてしまいます。トレンドの終了に気づかなければ、時代遅れとして扱われるのと同じことです。
　相場の変化に対応することがトレードです。
　相場の変化に合わせてポジションを傾けていくことができれば利益に近づきます。そのためには、シナリオが必要なのです。

　今回、ストップロス注文まではまだ許容がありますが、終値で日足＋１シグマラインを上回ったことを確認し、下落シナリオは崩れたと判断し、手動でロスカットしました。

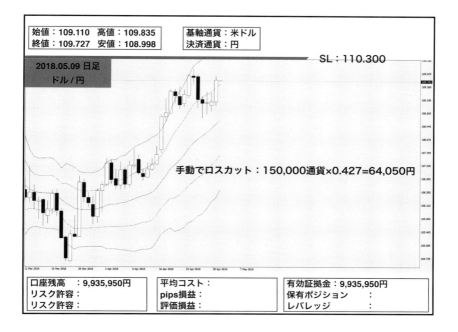

エントリー前の計画では最大リスク許容金額は 150,000 円としていましたが、64,050 円の損失に限定させたと言えます。
　このようにメインシナリオからサブシナリオへの切り替えもトレードには必要なのです。サブシナリオは上昇トレンド再開です。

　今回はロスカットの例でした。次節の実例③で、この後のサブシナリオの動きを見ていくことにしましょう。

～第4節～
実例③（実例②のサブシナリオ）

◆ 2018.05.09

　実例②のサブシナリオの続きです。実例②では終値で日足＋1シグマラインを上回ったことを確認してロスカットしましたが、今回の実例③ではロスカットせずにさらに売り増しナンピンをしてみます（次ページ上段）。

　当初計画した指値ゾーンを超えてきました。これまでの指値は、波動を考慮した「計画的・戦略的ナンピン」でした。

　ここからのナンピンが俗に言うナンピンで、ロスカットができないトレーダーに見受けられる行為です。

　含み損を抱えながら計画時に許容したリスクを超えての増し玉です。

　ナンピンの例として、新たにここから、以下の指値でエントリーしてみます（次ページ下段）。

指値④ 109.800 円 × 50,000 通貨
指値⑤ 109.900 円 × 50,000 通貨
指値⑥ 110.000 円 × 50,000 通貨

　平均コストを 109.900 円、ポジションサイズを 150,000 通貨、ストップを 110.300 円で計算すると次のようになります。

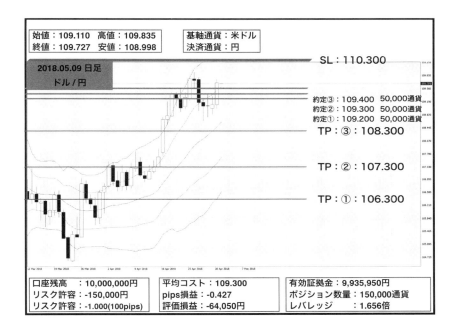

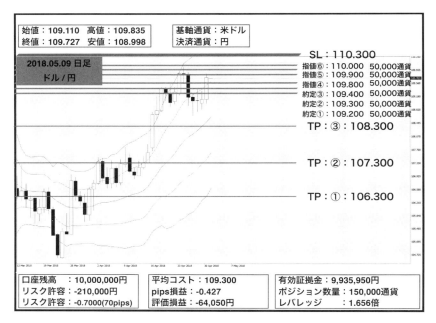

110.300円- 109.900円=0.4円
150,000通貨×0.4円=60,000円
リスク合計210,000円（2.1%）

　当初のリスク許容を超えたポジションを持つことになります。したがって、ここから売り上がることは自滅的ナンピンにつながる可能性が高まります。

　シナリオを変更できず、ロスカットを受け入れられないので、さらに高い価格で売り、平均コストを良くし、うまいこと下落してくれれば損失を小さくすることができるのではないかという思惑からの行動パターンです。

◆ 2018.05.10

　思惑通り含み損が逆転して含み益に転じました。ここで決済できれば昨日まで含み損だった− 64,050 円を 66,900 円の利益で終えることができます。

　この場合、単に 66,900 円の利益ではなく、66,900 円−（− 64,050 円）= 130,950 円の利益と考えるべきです（儲けもの）。

　もともとは損失を小さく抑えようと試みた行動でしたが、含み益になると、「もっと大きな利益になるまで保有しよう」という欲が出てきてしまいやすくなります。

　一度計画した許容を超えて増し玉を実行した結果、利益になると、次も「計画した許容を超えて増し玉してもよい」という考えが働きやすくなってしまいます。そして、ルール破りが常習化してしまいます。これではもう資金管理ではありません。

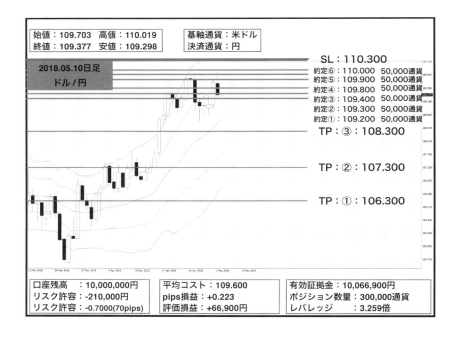

また、人間の心理として、自分の許容を超えた含み損を一定期間経験すると、その含み損にも慣れてしまいます。つまり、同じ過ちを犯しやすくなってしまうのです。
　リスク許容を逸脱し、相場の変化に対応できないことが、自滅の始まりです。逆に考えれば、リスク許容を明確にし、相場の変化に対応できるトレーダーが利益を手にすることになるのです。

◆ 2019.05.11

　73,800円の含み益です。本来は、ここで利益確定の選択肢も考えられます。

　しかし、一度ルールを逸脱したことで判断力が鈍り、自分を正当化する理由を考え始めてしまいます。すでに自分で許容したリスクも超えています。

　ルールを逸脱するとさまざまな欲や感情が生まれます。しかし、依然として、私たちはいつでもロスカットできる選択肢を持っています。

　ロスカットは方向転換です。いつでもロスカットするチャンスが与えられていることを覚えてください。間違ったらロスカットし、方向転換すればよいのです。ロスカットはチャンスでもあると覚えてください。

　ロスカットして相場が正しいことを認め、相場の変化に対応できる素直な心を持ち合わせていることも、トレーダーに欠かせない素養なのかもしれません。

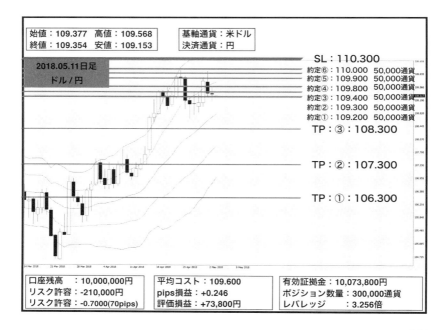

◆ 2018.05.14

　7,200円の含み損に転じました。このときもさまざまな感情を抱いているでしょう。「この後の相場は上がるのか？　下がるのか？」「下がったら嬉しい、上がったら悲しい」「上がるな！　早く下がれ！」などと感情で相場を見てしまいがちです。

　チャート分析に自分の欲や感情を持ち込んではいけません。そのときの相場の状況を判断するのがチャート分析です。

　相場の状況を判断する前に、自分の状況も判断することができると、客観的に分析することができるようになると思います。

　主観的な分析では、自分の欲という色眼鏡を通すことになるので、正しい相場分析ができなくなってしまいます。自分の状況や自分の都合、ポジション状況、欲や感情をすべて手放し、客観的に現在の相場状況だけを分析するのが本来のチャート分析です。

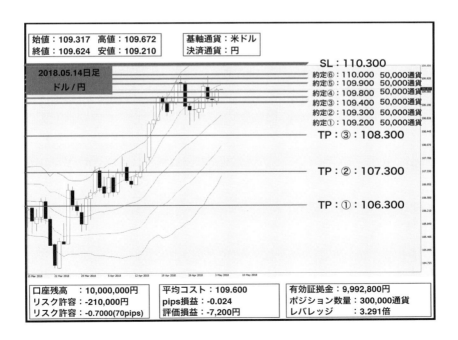

◆ 2018.05.15

ストップに到達しました。

値幅＝売値（平均コスト）109.600円－買値（ストップ価格）110.300円＝－0.7円（70pips）
－0.7円（値幅）× 300,000通貨（ポジション数量）＝－210,000円

　当初の計画よりも 60,000 円ほど余分に損失を計上したことになります。
　もちろん、はじめから許容していたのであれば何ら問題はありません。しかし許容を超えていたならば、大きな問題です。結果的に、傷口をさらに広げることになりました。

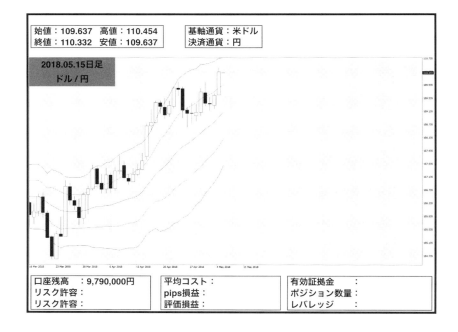

◆ 2018.05.16

まだ反落する兆候は見られません。

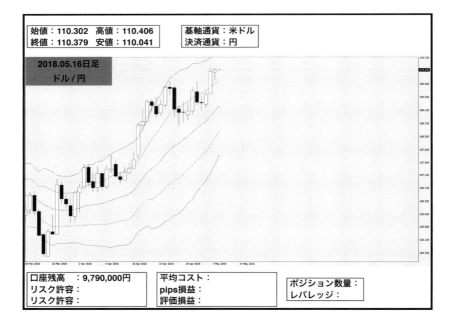

◆ 2018.05.17

2018.05.15に損失を確定するのを避けてストップを移動し、さらにナンピンして売り上がっていたならば、傷口をますます広げていたことになります。自滅的ナンピンの典型的な例でしょう。

いつまでも頑なにポジションを保有し続け、リスク許容を超えてもさらにナンピンを繰り返す行動は、相場に従っていないことと同じです。

私たちトレーダーは常に相場に、市場に、チャートに従う必要があります。相場の変化に気づき、ポジションを傾けていく中で、間違ったら潔くロスカットして方向転換を選択します。そして、またチャートの変化に従います。トレードはこの繰り返しです。

ロスカットができなければトレードを繰り返すことはできません。

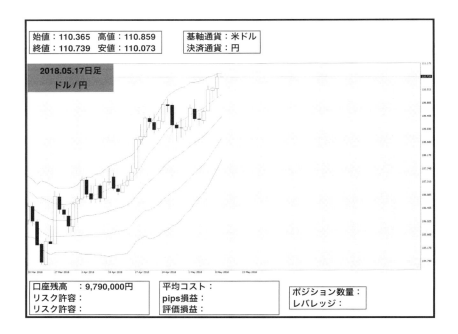

◆ 2018.05.18

　その後も上昇を続けました。ストップで守られたと考え、頭を切り替えたいですね。

　何度もお話ししているように、ロスカットは方向転換です。ストップも方向転換です。

　相場で生き残るには、相場の変化を察知し、自分の間違いに気づき、正しい行動を取れるかどうかです。ロスカットは決して悪いことではありません。

　今回は自滅型ナンピンの実例を紹介しました。

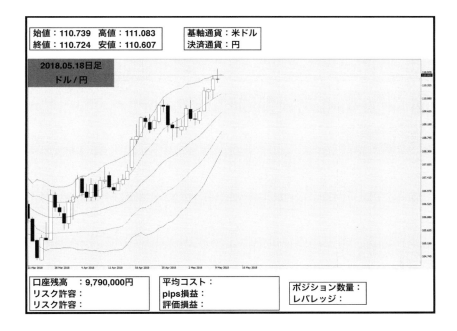

～第5節～
実例④

　チャートを分析するときは、エントリーありきで見るものではありません。チャートチェックは「エントリーするぞ！」と意気込んで行うものでもありません。そのときの相場の状況を判断するのがチャート分析です。以下の視点で見ることが大切です。

①勝ちパターンが発生する兆候があるのか
②勝ちパターンが発生したのか
③勝ちパターンが継続中なのか
④勝ちパターンが消滅したのか
⑤勝ちパターンが達成したのか

　大事なことはすべて「勝ちパターン」を基準にして考えることです。そうすることによって時間も短縮され、自分が何を行っているか明確になり、一定の判断ができるようになってきます。

①ならば、勝ちパターンの発生を待ち、観察リストに入れ
②ならば、最もおいしいポイント、タイミングを考え
③ならば、増し玉を考え
④ならば、シナリオを変更してロスカット
⑤ならば、利益確定する

というものです。そして何もなければすべて見送りです！

　28通貨ペアのチャートチェックを終えてから②の戦略、シナリオを立てる段階に移ります。③も同様にシナリオを立て、注文するかしないかを検討していきます。

　シナリオ通りに推移しているならば、含み益もあり、増し玉を検討する余裕が生まれるのではないでしょうか？（シナリオと反対の動きをして、含み損を抱えているときに増し玉する行為がナンピンです）

　繰り返しになりますが、チャート分析には自分の欲や感情を持ち込んではいけません。そのときの相場の状況を分析するのがチャートチェックです。相場の状況を判断する前に、自分の状況も判断することができると、客観的に分析することができるようになると思います。

　大事なことなので、もう一度、触れておきます。主観的な分析は、自分の欲という色眼鏡による分析です。これでは正しい相場判断はできません。自分の状況や自分の都合、ポジション状況、欲や感情をすべて手放し、客観的に現在の相場状況を分析するのが本来のチャート分析です。

　今回は②の勝ちパターンが発生したと判断し、トレード計画を立てていきます。

2018.04.23 ユーロ／ドル　日足
勝ちパターン２　売りエントリー
証拠金：10,000,000 円
リスク許容（金額）：1.5%
リスク許容（値幅）：0.00900 ドル（90pips）

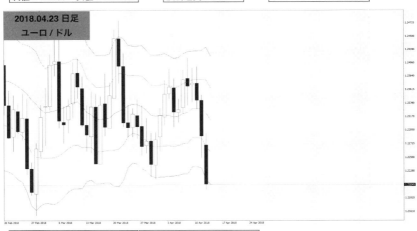

231

◆ 2018.04.23

トレード許可証の手順に沿って、エントリーを検討します。

1）トレード許可証①：ストップを決める（出口戦略①）

チャート分析時に、どこにストップを置くかという視点でチャートを見る癖をつけると、エントリーするかしないかの判断がつきやすくなります。

ストップは撤退のボーダーラインのことです。

ストップの役割はリスク許容、ポジションサイズ、リスクリワードを決定する重要な要素だと繰り返しお伝えしてきました。

ストップを置かなければトレードができません。今回はボリンジャーバンドのセンターラインを明確に上回ったら方向転換と考え、1.23500ドルに置くことにしました。

2）トレード許可証②：平均コストを決める＆リスク許容（値幅）が決まる

平均コストとはエントリーしてもよいと思える価格のことです。

トレードでは、「いかに平均コストを良くし、リスクリワード比率を高めるか」という考え方が重要です。例では、「現在の価格」というよりも、「できるだけストップに近い価格」で売りたいと考え、1.22600ドルを平均コストに設定しました。

レバレッジを上げてエントリーする欲よりも、平均コストを有利にしようとする欲や、リスクリワードを大きくする欲を大切にしたいところです。

誰でも高く売りたい、安く買いたい、損小利大のトレードをしたいと考えるものです。これはトレードにおいて誰しも抱く当然の欲です。

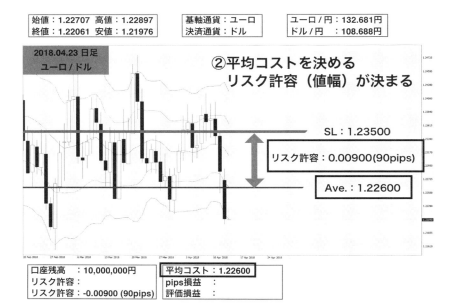

トレードではさまざまな欲が働くものです。トレードには必要な欲と不要な欲があります。いくつか挙げてみましょう。

◎「早くお金を増やしたい」という思いから生まれる、レバレッジを上げる欲
◎エントリーシグナルに反応し、乗り遅れたくないという思いから生まれる成行エントリーの欲
◎誰よりも高く売り、誰よりも安く買いたいとの思いから生まれる平均コストの欲
◎損小利大のトレードを実現したいという思いから生まれるリスクリワードの欲
◎誰かを見返したいという欲
◎損失を取り返したいという欲

　他にもたくさんあるかもしれませんが、上記に挙げたもののうち、平均コストとリスクリワードの欲はトレードにおいて必要な欲なのかもしれません。
　その他の欲はチャート分析や判断に悪影響を与えることが懸念されますので、手放したほうが賢明です。
　なお、この実例のリスク許容（値幅）は、ストップ価格と平均コストの関係から0.009ドル（90pips）という数値に決まりました。

3）トレード許可証③：リミットを決める（出口戦略②）

　欲が表れるリミットは、モチベーションの指標でもあります。「十分な値幅を伴った収益を上げたい」と誰しも考えるものです。希望的観測も入ることがありそうです。
　もちろん、トレードでのモチベーションは大切です。しかし、私た

ちトレーダーはチャートに従う必要があります。毎日チャートの変化を読み取ることで、出口戦略も刻々と変化していくものです。

　トレード計画時のリミットは相場の節目となるようなポイントに置くことが多いですが、相場の急変に対応できる冷静な判断力も同時に必要です。

　今回の実例では以下のようにしました。トレンドはどこまで続くか事前にわからないので、利益確定ポイントを分散しています。なお、切りの良い数字にしていないのは、スプレッドや、節目直前での反転の可能性を意識してのことです。

TP ① 1.20100 ドル
TP ② 1.19100 ドル
TP ③ 1.18100 ドル

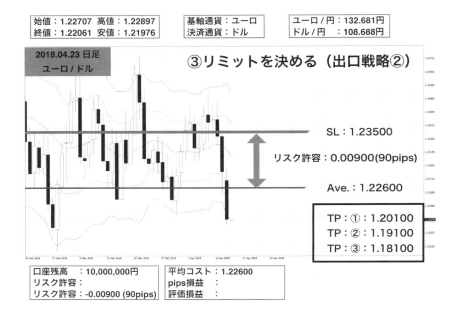

4）トレード許可証④：リスク許容（金額）を決める

　資金管理のプロセスの中で、特に重要な決定事項となる部分です。
　自分の許容を知ることが大切です。無理して許容する必要はありません。決めるのは自分です。トレードでは、リスクに晒さなければリターンもありません。
　そのリスクをコントロールするのが資金管理です。資金管理で損失のボラティリティをコントロールします。
　リスクを取り過ぎるとコントロールが難しくなります。序章で「損失のバラつきはリスクです」とお伝えした通りです。今回の例ではリスク許容を証拠金の1.5％に設定しました。許容金額は150,000円です。

5）トレード許可証⑤：ポジションサイズを決める

　これまでの例と同様、リスク許容から適正なポジションサイズを計算します。

ポジションサイズ
＝リスク許容（金額）÷リスク許容（値幅）÷決済通貨の対円レート

　ユーロ／ドルの決済通貨はドルです。ドルの対円レート：108.688円のレートで円貨計算する必要があります。

ポジションサイズ＝ 150,000 円÷ 0.009 ドル÷108.688 円＝153,344 通貨

　平均コスト1.22600ドル、153,344通貨でエントリーすることができます。例では切りの良い数字でわかりやすくするために150,000通貨でエントリーすることにします。

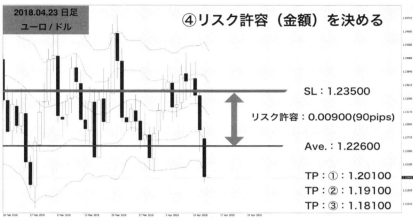

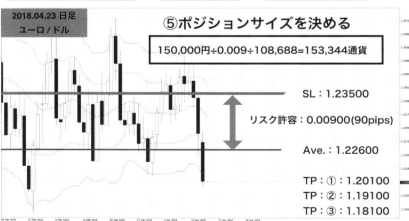

237

6）トレード許可証⑥：レバレッジ・リスクリワードを計算する

レバレッジは以下の計算式で求めることができます。

レバレッジ
＝（基軸通貨の対円レート×ポジション数量）÷（有効証拠金）

基軸通貨はユーロです。

レバレッジ＝（132.681 円× 150,000 通貨）÷10,000,000 円＝ 1.990215 倍

レバレッジ 1 倍超は借金という考え方から、この場合は人から借金してトレードするという気持ちでエントリーする必要があります。

平均コスト、リスクリワードが健全に設定されていれば、レバレッジの欲は抑えてもよいのではないでしょうか。

次に、リスクリワードも確認しておきます（次ページ下段）。今回は 0.00900 ドル（90pips）のリスクを取っています。

リワード①は 0.025 ドル（1.22600 − 1.20100）です。したがって、リスクリワードは以下のようになります。

リスク 0.009：リワード 0.025=1:2.777

リワード②は 0.035 ドル（1.22600 − 1.19100）です。したがって、リスクリワードは次のようになります。

リスク 0.009：リワード 0.035=1:3.888

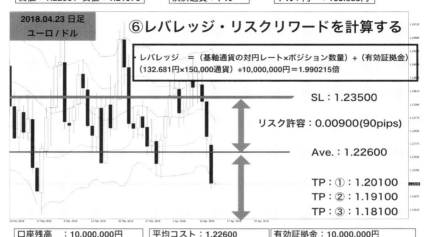

⑥レバレッジ・リスクリワードを計算する

リワード③は 0.045 ドル（1.22600 − 1.18100）です。したがって、リスクリワードは以下のようになります。

リスク 0.009：リワード 0.045＝ 1：5

これなら小さなレバレッジで大きなリワードを見込めそうです。

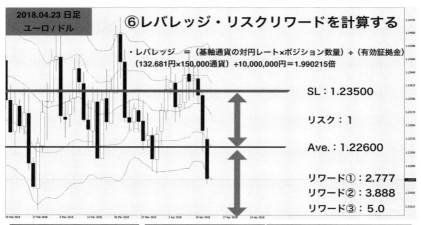

7）トレード許可証⑦：指値を分散する

相場の反転をピンポイントで捉えるのではなく、ゾーンとして捉えられれば十分です。

売りエントリーの場合、ローソク足2～3本後に上髭をつけて下落するイメージで指値ゾーンを設定していくといいでしょう。

イメージだけでは毎回異なってしまいがちなので、例えば、週足なら150pips、日足なら100pips、4時間足なら70pipsといったように、時間軸に応じて指値ゾーン（下図参照）をpipsで決めておく方法でもよいと思います（数値は任意）。

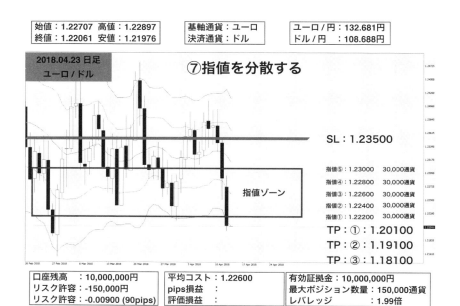

実例④では平均コスト1.22600ドルになるように指値注文を分散していきます。

　今回は下記のように5分割にして指値1本当たり30,000通貨としました。

指値①　1.22200ドル　30,000通貨
指値②　1.22400ドル　30,000通貨
指値③　1.22600ドル　30,000通貨
指値④　1.22800ドル　30,000通貨
指値⑤　1.23000ドル　30,000通貨

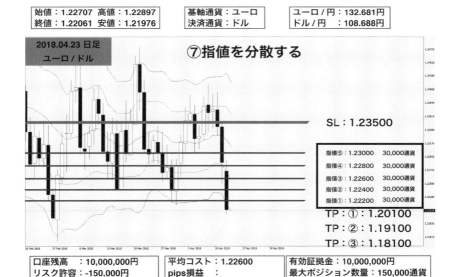

これですべての計画が整いました。いよいよエントリー開始です。
　資金管理はエントリー前から始まっています。資金管理がなければエントリーできません。
　トレードとは資金管理のことです。エントリー前からエグジットまですべてのトレードプロセスが資金管理です。

◆ 2018.04.24

　エントリー後のチャートを見ていきましょう。指値注文①②が約定しました。このときどんな感情になるでしょうか？　もっと上昇してくれたらポジションを造成できると思うでしょうか？　それとも早く下落して利益になってほしいと思うでしょうか？

　指値注文は自分が描いたシナリオなのですから、前者の心境であることが多いはずです。

　もしセンターラインまで戻すと思うなら、はじめからセンターライン付近に指値注文を置いておけばよいです。

　今回の例では「下落シナリオだけれども、どこまで戻すかわからない」ということが前提にあります。

◆ 2018.04.25

指値注文が十分約定せずに下落していきました。ここで一部利益確定しておきます。

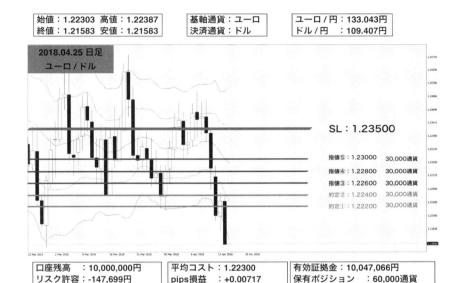

利益確定も平均コストが良くなるように考慮します。

（ポジション①を決済）
値幅＝売値1.22200ドル－買値1.21583ドル＝0.00617ドル（61.7pips）
損益＝ 0.00617ドル× 30,000通貨× 109.407円 ＝20,251円

　この場合、コストの悪いほうのポジション① 1.2220ドルの 30,000通貨を決済します。そうすることで残したポジションの平均コストが良くなります。依然として含み益もある状態です。
　含み益があると穏やかな心境でいられ、心のゆとりが持てます。

続いて利益確定とともに増し玉を考えます。

相場がシナリオ通り推移し、利益確定も行って、含み益がある状態だと、次の戦略を立てやすくなります。

増し玉の考え方のひとつは「補う」ことです。計画通りに保有することができなかったポジションを増し玉で「補う」という考え方です。

まずポジションの一部を利益確定します。次にストップを売値下に移動させ（今回の例ではストップを1.23500から1.22300へ移動）、リスクフリーにします。その次に未約定の指値注文を取り消します。

「利益確定＋建値ストップ移動＋未約定指値キャンセル」を１セットと覚えておきましょう。

そして、新たにポジションを造成していくわけですが、ここでピラミッディング手法（第6章で紹介）の登場です。

　ピラミッドの土台となる利益を確保していることから、新規エントリーよりも小さなリスクでのエントリーを心がけます。

　新規エントリー時はリスク許容を1.5%としましたが、未約定がありましたので増し玉で補うことを考えます。

　トレード許可証に基づいてポジションサイズを計算してエントリーします。

　今回は、センターラインを明確に超えると方向転換と考え、ストップをSL②とし1.23100ドルに設定。平均コストを1.21900ドルに設定。リスク許容を証拠金の1.0%（100,202円）、値幅=1.23100ドル－1.21900ドル=0.012ドル（120pips）としました。

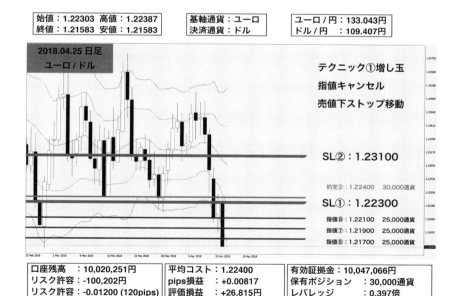

したがって、ポジションサイズは76,322通貨（100,202円÷0.012ドル÷109.407円）です。この76,322通貨を、平均コスト1.21900になるように3分割していきます。

今回もわかりやすくするために指値1本当たり25,000通貨としました。

指値⑥　1.21700ドル　　25,000通貨
指値⑦　1.21900ドル　　25,000通貨
指値⑧　1.22100ドル　　25,000通貨

このときもローソク足2～3本の後に上髭をつけて下落するイメージで指値ゾーンを設定します。

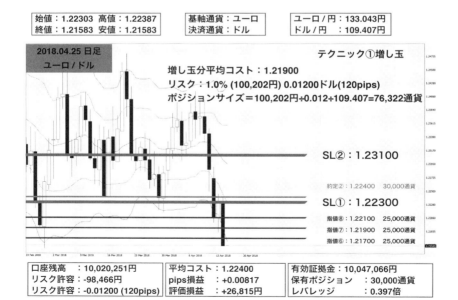

この日、終値で明確にレンジブレイクしたと判断できそうです。メインシナリオとして考えられるのは、相場の均衡がいったん崩れ、相場が下落していくイメージです。
　下げたら売るのか、上げたら売るのか？　下げ始めたら売るのか、上げ始めたら売るのか？
　速やかに行動できるかどうかは、常にシナリオを持っているかいないかにかかってきます。
　ボリンジャーバンドの性質から、相場が偏り始めたところでエントリーする戦略のほかに、偏り切ったところでエントリーするという戦略も考えられます。
　順張りが良いのか、逆張りが良いのかということではなく、通常、押し目買い、戻り売りという行為は、順張りの方向に短期足では逆張りしていることになります。

◆ 2018.04.26

指値⑥⑦⑧が約定しました。現在の平均コストを計算してみましょう。

ポジション②　1.22400ドル×30,000通貨＝36,720ドル
ポジション⑥　1.21700ドル×25,000通貨＝30,425ドル
ポジション⑦　1.21900ドル×25,000通貨＝30,475ドル
ポジション⑧　1.22100ドル×25,000通貨＝30,525ドル
計　　　　　　　　　　　　105,000通貨　128,145ドル

平均コストは128,145ドル÷105,000通貨＝1.22042ドルとなります。

トレードはリスクを限定しながらリミットを解放し、ロスカットと利益確定を繰り返すものです。

そういう意味で、相場はコントロールできないものの、ある程度優位な状況を資金管理戦略で作り出すことができると言えます。

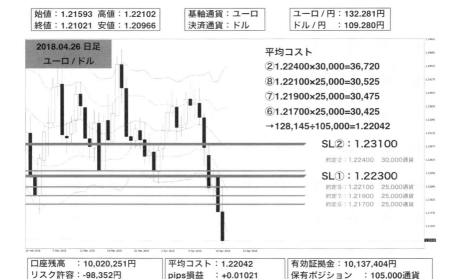

優位性のあるチャート分析を身につける必要もありますが、それ以上に、資金管理を取り入れた「勝ちパターン」と呼べるものをマスターしておくべきです。
　増し玉の考え方のひとつは補うことでした。もうひとつの考え方は「加える」ことです。
　シナリオ通りに推移しているので、利益確定させながら回転を利かせて繰り返すことです。
　この場合も新規エントリーよりも、小さなリスクでのエントリーを心がけます。

| 始値：1.21593　高値：1.22102 | 基軸通貨：ユーロ | ユーロ/円：132.281円 |
| 終値：1.21021　安値：1.20966 | 決済通貨：ドル | ドル/円　：109.280円 |

2018.04.26 日足
ユーロ/ドル

チャートで増し玉をイメージ

SL②：1.23100
約定2：1.22400　30,000通貨

SL①：1.22300
約定8：1.22100　25,000通貨
約定7：1.21900　25,000通貨
約定6：1.21700　25,000通貨

口座残高　：10,020,251円	平均コスト：1.22042	有効証拠金：10,137,404円
リスク許容：-98,352円	pips損益　：+0.01021	保有ポジション：105,000通貨
リスク許容：-0.01200 (120pips)	評価損益　：+117,153円	レバレッジ　：1.370倍

今回の例では日足を取り上げていますが、同じ時期の週足にも目を向けてみましょう。

週足では鹿子木式勝ちパターン1売りが発生し、反落のシナリオが考えられそうです。つまり週足に対して日足の勝ちパターンで増し玉していることになります。日足で十分な利益を得ることができれば次は4時間足や1時間足の勝ちパターンに乗っていくという考え方も可能です。

究極の増し玉はデイトレードであったり、スキャルピングであったりします。しかし、時間軸が短くなるにつれ、難易度も上がります。

また、スピード感が異なるため利食いや損切りの早めの判断が必要になります。分析、判断、検討、計画、確認の作業にも正確性と即時性が求められます。

まずは日足以上で、しっかりと利益確定を心がけることから取り組んでいきましょう。今回は日足-1シグマライン付近まで戻れば、「加える増し玉」を検討していきます。

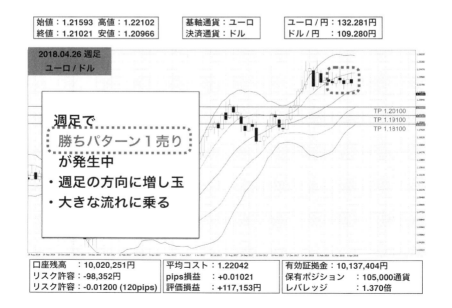

ここでも平均コストの悪いポジションから利益確定します。

ポジション⑥決済
値幅＝売値1.21700ドル−買値1.21021ドル＝0.00679ドル（67.9pips）
損益＝0.00679ドル×25,000通貨×109.280円＝18,550円の利益

　ポジションの一部を利益確定するとともに、ストップを売値下に移動し、未約定の指値注文をキャンセルします。これは、資金管理における基本戦術です。
　この例では、利益を確保しつつ、リスクフリーとなりました。ここから先はボーナスステージと考えます。

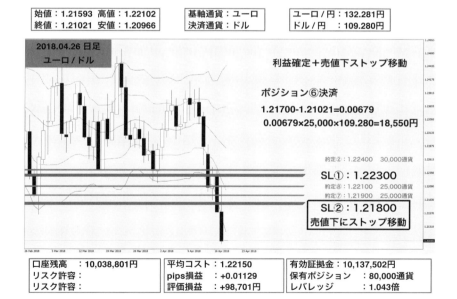

◆ 2018.04.27

現在の平均コストの確認です。

ポジション②　1.22400 ドル× 30,000 通貨＝ 36,720 ドル
ポジション⑦　1.21900 ドル× 25,000 通貨＝ 30,475 ドル
ポジション⑧　1.22100 ドル× 25,000 通貨＝ 30,525 ドル
計　　　　　　　　　　　　80,000 通貨　　97,720 ドル

平均コストは 1.22150 ドル（97,720 ドル ÷ 80,000 通貨）です。

引き続き、増し玉のチャンスを窺います。日足 − 1 シグマライン付近で増し玉を検討します。

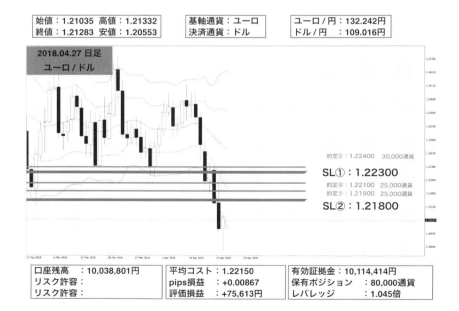

◆ 2018.04.30

　日足－１シグマラインまで戻しをつけずに下落していきました。相場に勢いがあるときはよくあることです。

　今回は増し玉の機会に恵まれませんでしたが、含み益はしっかりと増えています。売値下にストップを移動しているので、上昇しても下落してもどちらに動いてくれてもよい状態です。

　この状態を作り出すと、いつでも別のおいしい通貨ペアに乗り換えることができます。

　自分のシナリオ通り推移しているときに増し玉できるトレーダーは意外と少ないのではないでしょうか。含み損を抱えている状態で増し玉していくナンピントレーダーがほとんどではないでしょうか。

相場の反転ポイントは誰にもわかりません。指値で売買ゾーンを作り、最初に打診程度のポジションを持ち、思惑通りのシナリオ展開となってからポジションを積み増ししていくやり方は、わからない相場での身の処し方といえます。

　打診でエントリーし、相場に合わせてポジションを造成していくのがトレードの王道です。小さく始めて大きく育てることができれば、最小限のリスクで、利益を最大化できます。

　一度に大きくリスクを取ってしまうと、余力がなくなり、投資した分を回収しなければという思いが強く働き、ロスカットの判断も鈍くなりやすくなります。

◆ 2018.05.01

リミット①1.20100に到達したので、ポジション⑦が決済となりました。

値幅＝1.21900ドル−1.20100ドル＝0.018ドル
損益＝0.018ドル×25,000通貨×109.845円＝49,430円

平均コスト
ポジション②　1.22400ドル×30,000通貨＝36,720ドル
ポジション⑧　1.22100ドル×25,000通貨＝30,525ドル

67,245ドル÷55,000通貨＝1.22263ドルです。

始値：1.20753 高値：1.20842	基軸通貨：ユーロ	ユーロ／円：131.762円
終値：1.19907 安値：1.19811	決済通貨：ドル	ドル／円　：109.845円

2018.05.01 日足
ユーロ／ドル

リミット①1.20100に到達
ポジション⑦を決済
1.21900-1.20100=0.018
0.018×25,000通貨×109.845=49,430円

約定②：1.22400　30,000通貨
SL①：1.22300
約定⑧：1.22100　25,000通貨
SL②：1.21800

リミット①

口座残高　：10,088,231円	平均コスト：1.22263	有効証拠金：10,230,568円
リスク許容：	pips損益　：+0.02356	保有ポジション：55,000通貨
リスク許容：	評価損益　：+142,337円	レバレッジ　：0.708倍

◆ 2018.05.02

さらに続落しました。

2つの保有ポジションそれぞれに売値下ストップを置けているのでリスクフリーの状態です。現在の含み益が278pipsあり、ストップをさらに下げることも検討できそうな局面です。

◆ 2018.05.03

小反発し、陽線となりました。

すでに一部、利益確定を済ませており、現在も十分な含み益があります。さらに売値下ストップ移動で利益が守られています。このくらいの値動きでは動じない状態となっています。

最終リミットに目を向け、利益の最大化を優先させる心境だと思われます。

◆ 2018.05.04

リミット② 1.19100 にわずかに届きませんでした。

こういった場面では成行で利益確定をしても構いません。基本的に利食いはいつしてもよいのです。トレードの目的は、最初に設定したリミットにピタリと届かせることでなく、利益で終えることだからです。

どのくらいの利益で満足するかは各人で異なります。収益に対しては貪欲でありながらも、謙虚さも持ち合わせたいものです。もっともっとという『貪欲さ』は、時に利益確定の機会を失わせてしまうこともあります。一方で、利食いの決断を後押ししてくれるのも『謙虚さ』です。

◆ 2018.05.07

リミット② 1.19100 に到達しましたので、ポジション⑧を利益確定します。

値幅 = 売値 1.22100 － 買値 1.19100=0.0300 ドル（300pips）
損益 = 値幅 0.03 ドル× 25,000 通貨× 109.072 円 =81,804 円

ここまで来たら、ストップをさらに移動して（＝トレーリング・ストップ）、いつ反騰しても十分な利益を確保できるようにします。

すでに 170,035 円の利益確定をしており、含み益も 104,414 円ある状態です。もうこの通貨ペアは放っておいても利益で終えることが確定しています。

170,035 円の確定利益を担保に、次のおいしそうな通貨ペアを検討し、新たにトレード計画を立てることもできるでしょう。

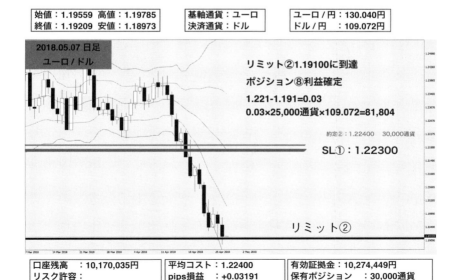

◆ 2018.05.08

さらに続落です。最終リミット 1.18100 も視野に入ってきました。

エントリーから 11 営業日が経ちました。振り返ると含み損を抱えた時間は初日だけでした。

本書ではトレード記録については扱いませんが、利益になったトレードと、損失になったトレードのポジション保有期間を比較すると面白い傾向が現れるのではないでしょうか。

損失発生までの期間が短く、利益発生までの時間が長いトレードが理想的です（損切りはスパッと、利益はじっくり育てる）。

◆ 2018.05.10

－１シグマラインまで反発しました。

仮にここで増し玉を検討するならば、すでに確定した利益、170,035円を失わない程度のリスク許容にする必要があります。もちろん無理に増し玉をする必要もありません。

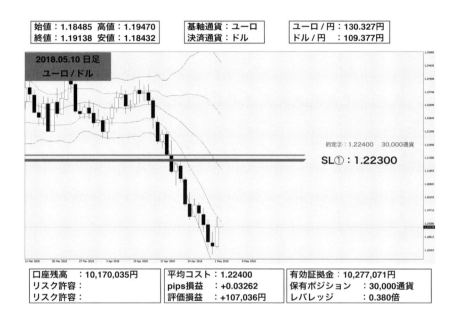

◆ 2018.05.11

　日足終値で－１シグマラインを上回りました。鹿子木式勝ちパターン１の買い発生により残りのポジションも全決済します（－１シグマラインを終値で上回ったら買いサイン発生。巻末付録参照）。
　リミット③1.18100 には届きませんでしたが、増し玉により利益を上乗せできたのではないでしょうか。

ポジション②決済
値幅＝売値 1.22400 ドル－ 1.19390 ドル ＝0.03010 ドル（301pips）
損益 ＝0.03010 ドル× 30,000 通貨× 109.354 円 ＝98,746 円

　今回は増し玉の考え方を取り入れたトレード実例でした。

一攫千金を狙うための資金管理の考え方

～第1節～
建玉の考え方

1）リスク許容とポジションサイズとレバレッジの関係性

　建玉の考え方を身につけると、平均コストの調整や指値の分割方法にも工夫を加えることができます。結果的に、戦略に幅をもたせることになります。これは、増し玉を検討するときにも必須の考え方です。

　常に低レバレッジで建玉を考えることがよいのではなく、ストップを近くに置ける場面においては、小さなリスク許容でもレバレッジを利かせることが可能になるという考え方が大事です。レバレッジは掛けるものではなく、利かせるものだからです。

　トレードにおいては、リスク許容を軸にしてポジションサイズを決める考え方が大原則です。したがって、リスク許容の決め方が肝になります。

　ここからは建玉を考えるにあたって、リスク許容とポジションサイズ、レバレッジの関係性を見ていきましょう。

リスク許容：月足＞週足＞日足＞8時間足＞4時間足＞1時間足
ポジションサイズ：月足≒週足≒日足≒8時間足≒4時間足≒1時間足
レバレッジ：月足≒週足≒日足≒8時間足≒4時間足≒1時間足

　時間軸が長くなるにつれてリスク許容度も上げていくのが自然な流

れです。それは相場のボラティリティに合わせたリスク許容といえるでしょう。

しかし、ポジションサイズはほぼ同じになるのではないでしょうか？　レバレッジもほぼ同じくらいになるものです。

これはストップの位置とリスク許容の関係からわかります。リスク許容とポジションサイズとレバレッジの関係性を理解できるようになると、リスクコントロール、ポジションコントロール、レバレッジコントロールが自ずとできるようになります。

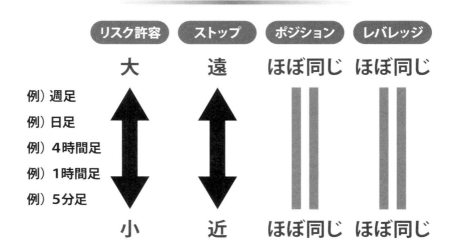

リスク許容・ポジションサイズ・レバレッジの関係

なぜこのようなことが言えるかを週足、日足、4時間足、1時間足、5分足を例にして考えてみましょう。

```
条件
証拠金：500万円
通貨ペア：ドル／円＝110.000円
```

この条件を変えずに、時間足ごとのリスク許容を変更して検証していきます。

●週足の例

証拠金：500万円
通貨ペア：ドル／円＝110.000円
リスク許容（金額）：1.5%（75,000円）
リスク許容（値幅）：2円（200pips）

→ポジションサイズ
＝ 75,000円 ÷ 2円 ＝ 37,500通貨
→レバレッジ
＝（110.000円 × 37,500通貨）÷ 500万円 ＝ 0.825倍

●日足の例

証拠金：500万円
通貨ペア：ドル／円＝110.000円
リスク許容（金額）：1.0%（50,000円）

リスク許容（値幅）：1.5円（150pips）

→ポジションサイズ
＝ 50,000円 ÷ 1.5円 ＝ 33,333通貨

→レバレッジ
＝（110.000円 × 33,333通貨）÷ 500万円 ≒ 0.733倍

●4時間足の例
証拠金：500万円
通貨ペア：ドル／円 ＝ 110.000円
リスク許容（金額）：0.5％（25,000円）
リスク許容（値幅）：0.7円（70pips）

→ポジションサイズ
＝ 25,000円 ÷ 0.7円 ＝ 35,714通貨

→レバレッジ
＝（110.000円 × 35,714通貨）÷ 500万円 ≒ 0.785倍

●1時間足の例
証拠金：500万円
通貨ペア：ドル／円 ＝ 110.000円
リスク許容（金額）：0.3％（15,000円）
リスク許容（値幅）：0.5円（50pips）

→ポジションサイズ
＝ 15,000円 ÷ 0.5円 ＝ 30,000通貨

→レバレッジ
＝（110.000円 × 30,000通貨）÷ 500万円 ＝ 0.66倍

●5分足の例　A

証拠金：500万円

通貨ペア：ドル／円＝110.000円

リスク許容（金額）：0.1%（5,000円）

リスク許容（値幅）：0.2円（20pips）

→ポジションサイズ

＝ 5,000円÷0.2円＝25,000通貨

→レバレッジ

＝（110.000円×25,000通貨）÷500万円＝0.55倍

●5分足の例　B

証拠金：500万円

通貨ペア：ドル／円＝110.000円

リスク許容（金額）：3%（150,000円）

リスク許容（値幅）：0.2円（20pips）

→ポジションサイズ

＝ 150,000円÷0.2円＝750,000通貨

→レバレッジ

＝（110.000円×750,000通貨）÷500万円＝16.5倍

　まとめると、次ページ下段の表のような結果となりました。

　週足ならば、1週間の相場のボラティリティを考慮してストップを置く必要があります。おそらく、ストップの位置を遠くに置くことでしょう。

　しかし、ストップの位置を遠くに置くように設定すると、ポジションサイズが小さくなってしまいます。そこで、許容する損失金額と値

幅をともに大きくしていくことになります。

　同様に、5分足ならば5分間の相場のボラティリティを考慮してストップを置く必要があります。およそ近くに置くことでしょう。

　ストップの位置が近いということはポジションサイズが大きくなってしまうということでもあります。そこで、許容する損失金額と値幅をともに小さくしていくことになります。

　しかし、5分足の例Ｂのように、5分足でも週足と同等、もしくはそれ以上のリスク許容金額で設定してしまうと、5分後に大損失となる危険が高まります。もちろん、大きな利益になる可能性もありますが、「ブレ幅が大きいことはリスクである」ということについては、繰り返しお伝えしてきた通りです。

　しかも、たった5分後に大きな損失となる可能性を絶えず秘めている点を考えると、これはもうギャンブルとしか言いようがありません。

時間足	リスク（金額）	リスク（値幅）	ポジションサイズ	レバレッジ
週足	1.5 %	200pips	37,500通貨	0.825倍
日足	1.0 %	150pips	33,333通貨	0.733倍
4時間足	0.5 %	70pips	35,714通貨	0.785倍
1時間足	0.3 %	50pips	30,000通貨	0.660倍
5分足 A	0.1 %	20pips	25,000通貨	0.550倍
5分足 B	3.0 %	20pips	750,000通貨	16.5倍

2）肝となるのはリスク許容（金額＆値幅）の取り方

　時間足ごとに適切なリスク許容（金額）を設定することが何よりも優先されます。その際、短期足のリスク許容（金額）が長期足のリスク許容（金額）を超えてはいけません。

　毎回、建玉時にリスク許容のことで迷わないようにするためにも、また間違ったリスク許容を取らないようにするためにも、自分が許容できる金額を時間足ごとにあらかじめ決めておくことをお勧めします。

　要するに、その時間足でエントリーするときは、決められたリスク許容（金額）でエントリーするということを決めて、それを繰り返し行うのです。「今回は自信があるからリスクを多めに取ってみよう！」という行為をやめて、常に自分のリスク許容に従うことです。

　一方で、リスク許容（値幅）については、時間足ごとにあらかじめ決めておく必要はありません。あらかじめ決めておかないことで、エントリーのタイミング次第ではストップを近くに置けることもあるかもしれません。そのときは必然的にレバレッジが上がります。つまり、リスク許容（金額）範囲内でレバレッジを利かせることができるわけです。

　逆に、ストップが遠い場合はレバレッジを下げる必要が出てきます。

> 一定のリスク許容の条件下で
> ◎ストップが近い＝レバレッジを上げることができる
> ◎ストップが遠い＝レバレッジを下げる必要がある

　もちろん、あらかじめ決めておいても問題ありません。あらかじめ決めておけば、毎回エントリー時にストップの位置を悩んだり、迷っ

たりする必要はなくなります。

　話をまとめます。つまり、時間足ごとのリスク許容（金額）を決めることができたなら、あとはエントリー時のストップの位置によって自動的にポジションサイズが決まり、レバレッジも決まる、ということなのです。
　エントリーポイントまでしっかり待ち、ストップを近くに置けるタイミングでは決められたリスク許容（金額）の範囲内でレバレッジを最大限利かせることができます。

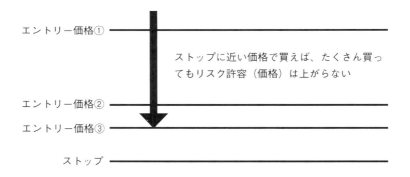

　ポジションを大きく持ちたいがために、やみくもにリスク許容（金額）を上げたり、レバレッジを上げたりしないでください。そうではなく、あくまで許容の範囲内で、ストップとの位置関係によりポジションの最大化、レバレッジの最大化を図るという考え方です。
　リスクを小さく取り、ストップを近くに置ける場合のみ、結果的にレバレッジを利かせることにつながります。
　このように、ポジションを建てるときにはリスク許容（金額）が大前提となります。現在、証拠金の何％のリスクを取っているのか、常に把握している必要があります。

～第２節～
リスク許容の考え方

１）チャート時間軸と会社組織

　チャート時間軸を以下のように置き換えてみました。

月足＝社長
週足＝部長
日足＝課長
４時間足＝主任
１時間足＝アルバイトリーダー

　このように変換すると、わかりやすいかもしれません。この置き換えをベースにして、本節では解説していきます。

２）チャート分析時の考え方

　まず、以下を見てください。

◎月足（社長）の判断で勝ちパターンプロジェクトを推進する
◎週足（部長）の判断で勝ちパターンプロジェクトを推進する
◎日足（課長）の判断で勝ちパターンプロジェクトを推進する

◎4時間足（主任）の判断で勝ちパターンプロジェクトを推進する

　ビジネスの世界では、自分の判断だけでプロジェクトを推し進めるようなことはしないと思います。普通は、上司の意見も参考にするはずです。
　トレードもビジネスである以上、同じです。短期足で売買判断をしたときには、直属の上司にも伺いを立てる必要があるのではないでしょうか。例えば、4時間足チャート（主任）で判断しても、日足（課長）、週足（部長）に相談してみるというイメージです。

　管理職（課長・日足チャート）以上は、それぞれの責任（リスク許容）において単独でプロジェクトを推進することが許可されていると言えるかもしれません。4時間足チャート（主任）だけの単独の判断では立場的に弱いのです。1時間足チャート（アルバイトリーダー）ではなおさらです。
　デイトレードは1分足を見て、5分足も見て、15分足も見て、1時間足も見て、時には4時間足、日足も見る必要があります。これはとても大変な作業です。咄嗟の判断も必要で、瞬発力も問われます。同時に、厳格な資金管理が必要なことはいうまでもありません。
　一方で、スイングトレードは日足だけ、週足だけを見ていればトレードできてしまいます。トレードにかける時間もデイトレードより短縮でき、トレードによる余計なストレスも軽減できると思います。トレード時間も短縮されるので、シナリオを元に戦略を立てる時間にゆとりが生まれます。
　何度も紹介しているように、トレード時間を最小限にし、収益は最大化する恩恵を受けられるトレードを心がけたいところです。

3）リスク許容（ロスカット経費）の考え方

まずは、以下を見てください。

◎4時間足（主任）は日足（課長）以上のリスク（経費、責任）を負えない
◎日足（課長）は週足（部長）以上のリスク（経費、責任）を負えない
◎週足（部長）は月足（社長）以上のリスク（経費、責任）を負えない

　このように、時間軸（役職・責任）によって経費が決まっているということです。

　月足（社長）以上の足は年足（会長）でしょうか？　時間足が長くなるにつれ責任重大になります。例えば出張時に、一般社員が社長よりも経費を多く使うことはありません。主任が優雅にタクシー、部長が満員電車で汗だくになって移動なんてことはあり得ません。同様に、課長がグリーン車で社長が自由席も考えられませんし、主任がファーストクラスで社長がエコノミークラスなども普通はないはずです。

　必要なことは時間軸（役職）に見合ったリスク許容を設定しておくことです。リスク許容のルールを設定しておくと、新規エントリー時も増し玉時もリスクの取り方が明確になります。ここが決まっていると、例えば、週足（部長）の「勝ちパターン1プロジェクト」で利益が出たら、「今度は4時間足（主任）のリスク許容で増し玉」というように、それぞれの時間軸（責任）でリスクを取ることができます。例として、次のようだったと仮定しましょう。

◎週足（部長）のリスク許容（経費）＝ 0.5%
◎日足（課長）のリスク許容（経費）＝ 0.25%

このときに4時間足（主任）のリスク許容（経費）が上位足（上司）のリスク許容（経費、責任）を超えてはいけないということです。「日足（課長）勝ちパターン1プロジェクト」に0.25%の経費を払ったのならば、「4時間足（主任）勝ちパターン1プロジェクト」に0.5%の経費を払うのはおかしいということです。

　この場合、4時間足（主任）が勝ちパターン1プロジェクトで使ってもよい経費は、せいぜい0.1%くらいが妥当ではないでしょうか。

　増し玉する場合も同じ考え方ができます。例えば、週足のリスク許容0.5%（部長の経費、責任）で勝ちパターン1プロジェクトの利益を確保することができたら、今度は4時間足のリスク許容0.1%（主任の経費、責任）で4時間足の別の勝ちパターンプロジェクトを推進してもよいという考え方です。これならば、部長の管轄下で主任のプロジェクトを推進していることになります。足並みの揃ったプロジェクトなので、結果も期待できそうです。仮に主任のプロジェクトが失敗しても経費は0.1%と小さく、プロジェクト全体の利益を圧迫することもなさそうです。

4）費用対効果

　まずは、以下を見てください。

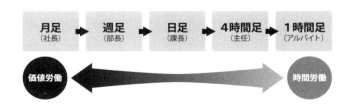

　短い時間軸になればなるほど、時間を差し出して労働しているという色彩が強くなります。アルバイトはその典型です。反対に長い時間

軸になればなるほど、費やす時間とは関係なく「結果」「業績」を求められるようになります。

　短い時間軸におけるデイトレードは、時間を差し出してチャートに張り付き続ける時間労働です。ところがトレードでは、差し出した時間に応じて利益を得られるとは限りません。場合によっては、割の合わないアルバイトになるかもしれませんね。

　時間も経費（コスト）だという考え方は、ビジネスでもトレードでも同じです。

～第３節～
増し玉の考え方

　増し玉にはナンピンによる積み増しと、ピラミッディングによる積み増しの２つの考え方があります。

増し玉の考え方

① 計画的な建玉による増し玉

リスク許容範囲内での
ナンピン積み増し

②思惑通りのシナリオによる増し玉

ボーナスとしてのピラミッディング積み増し
「補うこと」「加えること」

　特に、新規エントリー時では平均コストを良くするために売り上がったり、買い下がったりします。このときは含み損を抱えているこ

とになります。含み損を抱えながらポジションを積み上げていくのがナンピンによる増し玉です。

一方で、エントリー後、思惑通りのシナリオで推移し、含み益を抱えた状態でポジションを積み上げていくのが、ピラミッディングによる増し玉です。

1）新規エントリー時の考え方

例えば、週足で最大リスクを1.5%許容するとします。以下のようにリスク許容範囲内で計画的にナンピン積み増しすることによって平均コストを良くする考え方です。重要なことはリスク許容範囲内で行うことです（第5章の実例3は、リスク許容を超えたナンピン増し玉でした）。

①打診で、0.5%で1回目のエントリー
②さらに0.5%で2回目のエントリー
③シナリオ継続と判断し、さらに3回目のエントリー

2）エントリー後の考え方

エントリー後、シナリオ通りに推移し、含み益になってから増し玉を検討する考え方です。

新規エントリー時に約定しなかった分の指値を『補う増し玉』と、十分な利益を確保しつつ、さらに小さなリスクでポジションを『加える増し玉』があります（もう一度、第5章の実例④を参考にしてみてください）。

3）補う増し玉

　相場がシナリオ通りの展開ならば、含み益を担保に増し玉をしていくことで利益の最大化を図ることができます。新規エントリー時に指値注文が十分に約定しなかった場合、増し玉で補うことで、計画した利益の獲得を狙います。

　ストップが約定するときには指値が全部約定し、利益になるときは指値が一部ずつしか約定しないということで悩んでいるケースを耳にします。

　ストップが約定するときに指値が全部約定することは当然です。一方、リミットの指値が一部ずつしか約定しない点については、思惑通りに推移しているならば、補う増し玉を検討する必要もあります。もしくは、指値のゾーンをもう少し狭くしたり、意図的に平均コストを悪くしたりすることで改善できるかもしれません。

　リスク許容ができていれば、計画したポジションをすべて、成行注文だけで造成することも検討できます。

4）加える増し玉

　他方、すでに十分な含み益があり、一部でも利益確定できたなら、さらにポジションを加える増し玉で利益を増幅させることを狙います。

　ナンピンとは違い、シナリオ通りに推移していて、含み益があるということが追い風です。含み益があるときには、次の戦略を検討する余裕も生まれます。

　シナリオ通りの展開なら増し玉しない手はありません。

　含み損に耐えながらのナンピンによる増し玉よりも、含み益を抱えながらのピラミッディングによる「補う増し玉」「加える増し玉」をマスターできると、収益も一層改善されるのではないでしょうか。

5）増し玉の考え方のまとめ

　ここで、話をまとめます。増し玉についての基本的な考えは以下の通りです。

増し玉の考え方

① 長期足でエントリー
② 利益確定&建値ストップ移動
③ 短期足でエントリー

➡ **すでに担保となる利益があること**
➡ **建値上にストップを移動してノーリスクであること**
➡ **新規エントリー時よりもリスクを小さく取ること**

　増し玉といっても戦略や計画もなく、やみくもに行うものではありません。増し玉して利益を最大化するためには、以下のような一定の条件を満たしたときのみ行うことを推奨します。

◆増し玉を行うときの条件
①すでに含み益がある
②すでに一部でも利益確定をしている
③新規エントリーよりもリスク許容を下げる
④含み益を失わないこと

～第4節～
ピラミッディングをマスターする

　先述したように、含み益が乗っているときにポジションを増やすことを増し玉と言います。

　反対に、含み損が生じているときにポジションを増やすことをナンピンと言います。下手をすると損失が際限なく拡大してしまうリスクがあるため、一般的には避けたほうがよいとされています。

　増し玉はピラミッディングと言い換えられる場合も多いです。厳密には、増し玉＝ピラミッディングではないのですが、ポジションを増やしていくことは、現在のポジションに新たなポジションを積み上げていくこと、つまりピラミッドを作るようにポジションを増やす作業とも言えるので、ピラミッディングと呼んでも差し支えないでしょう。

　まず、増し玉とナンピンについて整理しておきましょう。増し玉もナンピンも、ポジションを増やしていくという点では共通しています。いずれも、より大きな利益を期待して実行されます。

　増し玉とナンピンのどちらがやりやすいかといえば、断然、ナンピンです。

　買いを例にします。最初に買った価格よりも値下がりしたら買い増しし、もっと値下がりしたらさらに買い増しする。どんどん安く買えるようになるので、心理的抵抗が小さいだけでなく、「お買い得感」も増しますから、買いやすくなります。9ページや305ページで触れ

ている「コツコツドカーン」で大損する典型的なパターンがこのナンピンであることは覚えておくべきです。

　上昇を見込んで買って、シナリオ通りにいかずに下落したにもかかわらず、損切りできずに、さらに買い増しをしてしまう。これは戦略的ではないばかりか、行き当たりばったりの行動と言えます（もちろん、戦略的ナンピンもあります。その話については、後述するドルコスト平均法のところで説明します）。

　下落したところを買い続けることで買値平均価格を下げていけば、徐々に有利になることは確かです。

　しかし、それには絶対的な前提があります。「証拠金の余力があるうちに相場が反転上昇すること」です。

　もしも想定以上に下落していき、追加で買うために投入できる証拠金が尽きてしまい、さらに落ちてしまったら……？　もう破滅しかありません。

　ナンピンでポジションをどんどん増やしていきながら反転上昇を待ち、仮に反転したならば大儲けできる可能性はゼロではありません。しかし、ある意味、これは賭けです。

　トレードは賭けではありませんから、ナンピンをしないと心に決めることは理にかなっています。

　一方、増し玉では、最初に買った価格よりも高い価格で買い増ししていくことになります。よって、買値平均価格は徐々に上がることになりますから「不利になる」と感じてしまいがちです。

　仮にドル／円を100円で買ったとして、その後、101円で買い増し、102円で買い増し、103円でさらに買い増しと続けていくと、当然、買値平均価格は100円よりも高くなります。

　安く買って高く売れば儲かるのがトレードですから、ここで心理的ハードルが生じてしまい、増し玉に踏み切れないということになりや

◆増し玉とナンピンの違い

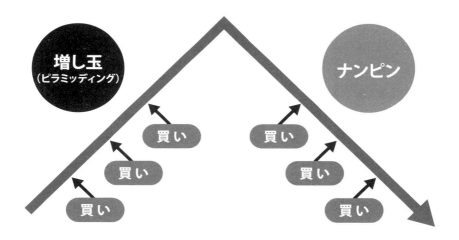

思惑と反対方向に動いているときにポジション量を増やす（この例の場合は買い増す）のがナンピン。逆に、思惑通りに動いているときにポジション量を増やすのが増し玉（ピラミッディング）

すいのです。

　トレードにおける資金管理で大切なことは、感情はもちろんのこと、感覚にも頼らないということです。信頼すべきは「数字」です。数字で検証し、数字で決断し、数字で実行する。これが資金管理です。

　増し玉しなかった場合と増し玉した場合で、利益にどれくらいの差が出るのか数字で見てみましょう。

＜増し玉しなかった場合＞

ドル／円（買い／ロング）

100 円　100,000 通貨

105 円で決済

獲得損益は 50 万円

＜増し玉した場合－1＞

ドル／円（買い／ロング）

100 円　100,000 通貨

101 円　50,000 通貨

102 円　25,000 通貨

103 円　12,500 通貨

105 円で決済

獲得損益は 80 万円

内訳：50 万円＋ 20 万円＋ 7 万 5000 円＋ 2 万 5000 円

　増し玉した場合には、30 万円、比率でいえば 60％の収益アップです。

　増し玉すると損しそうだという感情や感覚は間違いであることを、数字が証明してくれます。

先に挙げたドル／円の例で、ひとつの大事なことに気づいたでしょうか？

　買い増しするにつれて、ポジションサイズが小さくなっています。最初は100円で10万通貨買って、101円では半分の5万通貨、102円ではそのまた半分の2万5000通貨、という具合です。

　もちろん、これには意味があります。先に「増し玉とピラミッディングは厳密には異なるものだが、同じ意味で理解して差し支えない」と書きました。それはこういう意味です。

◆ピラミッディング

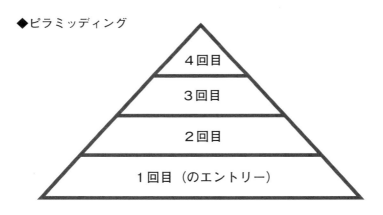

◆逆ピラミッディング

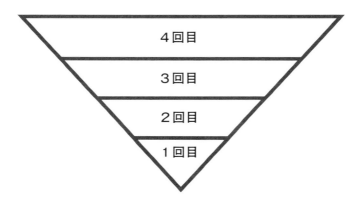

土台となるポジションが一番多くて、上に積み重ねていくに従い、だんだん小さくなっていきます。ピラミッドの土台が小さくて、上に行くほど大きくなっていくなら安定しないですし、そもそもピラミッドではなくなります。

　最初に少し多めに買って、一度に買う量を少しずつ小さくしながら増やしていく。それが増し玉の絶対原則です。

　勘のよい読者はお気づきかもしれませんが、ナンピンがなぜ難しいかというと、増し玉の反対をしなければならないからです。

　増し玉の場合は最初に多く買って、その後、買う量を徐々に減らしていくのに対し、ナンピンで成功するためには、最初に少額を買って、価格が下がるに伴い買う量を少しずつ増やしていかなければならないのです。これは逆ピラミッドです（前ページの下段の図参照）。

　どこまで下落するかなどわかりませんから、ポジションを逆ピラミッド型に増やしていくなど不可能に近いです。もし下落せずそのまま上昇してしまったら、最初に買ったわずかばかりのポジションしかないので利益もわずかという結果になります。

　増し玉で逆ピラミッドを作れば、大きな損失を招くことを、ここでも数字に証明してもらいましょう。

＜増し玉した場合－２＞

ドル／円（買い／ロング）

100円　12,500通貨

101円　25,000通貨

102円　50,000通貨

103円　100,000通貨

105円で決済

獲得損益は512,500円（62,500円＋10万円＋15万円＋20万円）

ピラミッド型の増し玉と比べて、利益額が顕著に小さくなっています。

しかし、次に述べる事柄に比べたら、利益が減るくらいはたいしたことではありません。実は、逆ピラミッドの増し玉は、はるかに大きな「危険」をはらんでいるのです。

105円で利食い決済できれば512,500円の利益になりますが、うまくいくとは限りません。仮に、103円まで上昇してから、101円まで反落したらどうなるでしょうか？　計算してみましょう。

＜ドル／円（買い／ロング）＞

100円　12,500通貨　→　＋12500円
101円　25,000通貨　→　±0
102円　50,000通貨　→　－50,000円
103円　100,000通貨　→　－200,000円
101円で決済
獲得損益は－237,500円（12,500円－50,000円－200,000円）

これに対してピラミッド型で買っていたなら、同じ101円まで反落しても、利益で逃げられます。

＜ドル／円（買い／ロング）＞

100円　100,000通貨　→　＋100,000円
101円　50,000通貨　→　±0円
102円　25,000通貨　→　－25,000円
103円　12,500通貨　→　－25,000円
101円で決済
獲得損益は50,000円（100,000円－25,000円－25,000円）

逆ピラミッドは、利益が小さくなるということよりも、損失を抱えるリスクが大きくなるという意味において、絶対にやってはならないことなのです。

　これは、42ページ以降で説明した「リスクリワード」と直結する考え方です。

　差し出すリスクに対して、期待リワード（報い、利益）が小さいなら、勝てるはずがないということです。

コラム：ピラミッディングの罠

　ミセスワタナベ。海外投機筋の間では知らない者はいない、日本の個人投資家の別名です。2000年前後から、外国為替市場で取引する日本のサラリーマンや主婦が増えていき、相場の動向にも影響を与える存在になりました。

　2000年8月から2008年8月までの約8年間は、ドル／円を含むクロス円すべてが、一本調子の上昇相場でした。例えば、ユーロ／円は90円から170円まで、倍近くに上昇しました。円を売っていれば誰でも簡単に莫大な利益を手にできる相場、それがこの時期のクロス円でした。

　ミセスワタナベたちはひたすら円売りをしました。当時は金利も高かったので、円売りをしていれば高いスワップポイントで大きな金利収入も得られました。これは「円キャリートレード」と呼ばれ、高金利通貨だった豪ドルやニュージーランドドルなどは特に人気がありました。

円キャリートレードでは、ポジションを持てば持つほど含み益が膨らみ、またスワップ収入も増えるので、彼らはいかに多くのポジションを持つかを常に追求したと思います。それを実現する方法が、一種の「ピラミッディング」でした（※しかしピラミッド型ではなく「レンガ積み」型だったことに注意。逆ピラミッドよりましですが、上が重く、崩れやすくなります）。
　給料の一部や臨時収入をとにかく円売りポジションに投入し続けていく、そんなイメージです。つぎ込めばつぎ込むほどお金が増えていくのですから、FXが打ち出の小槌に見えたかもしれません。しかし、そんなおいしい話がいつまでも続くはずはありません。
　これで逃げ切れて莫大な利益を得た人たちがいるのは事実ですが、2008年夏、あのリーマンショックの大暴落で、ミセスワタナベの大半は、それまで得ていた利益を上回る損失を出しました。8年間の上昇相場は「これからも上がり続ける」と信じさせるのに十分な期間でしたし、安心してレバレッジを上げ、ストップを置かない投資家も多かったのでしょう。
　ハイレバレッジとストップなし。これでは、どんなピラミッディングも粉砕されてしまいます。

～第5節～
ドルコスト平均法は資金管理の必須知識

1）ドルコスト平均法とは？

　一定期間、定期的に一定額を購入（投資）し続ける方法をドルコスト平均法と言います。一定期間とは、1年間でも、10年間でも構いません。定期的にというのは、毎月でも、毎週でも、毎日でも構いません。

　ドルコスト平均法の利点としてよく取り上げられるのが、「高いときには少しだけ買い、安いときにたくさん買うことができる」という点です。

　例えば、ドルコスト平均法を使い、毎月3万円を米ドルに投資すると、次ページの上段の表のようになります（価格は実際の値動きに基づいていません）。

　また、同額を仮想通貨ビットコイン（BTC）に投資すると、次ページの下段の表のようになります（価格は実際の値動きに基づいていません）。

　ボラティリティのより高い仮想通貨では、ドルコスト平均法の特徴がより顕著に現れます。

　例えば、BTC価格が10万円のときには3万円で0.3BTC購入できますが、200万円のときには20分の1の0.015BTCしか購入できません。

◆毎月3万円を米ドルに投資

	投資金額	米ドル価格	購入した米ドル
1月	3万円	100円	300.00 USD
2月	3万円	102円	294.12 USD
3月	3万円	104円	288.46 USD
4月	3万円	106円	283.02 USD
5月	3万円	108円	277.78 USD
6月	3万円	110円	272.73 USD
7月	3万円	112円	267.86 USD
8月	3万円	111円	270.27 USD
9月	3万円	110円	272.73 USD
10月	3万円	107円	280.37 USD
11月	3万円	99円	303.03 USD
12月	3万円	95円	315.79 USD

◆毎月3万円をビットコイン(BTC)に投資

	投資金額	BTC価格	購入したBTC
1月	3万円	10万円	0.30000 BTC
2月	3万円	20万円	0.15000 BTC
3月	3万円	30万円	0.10000 BTC
4月	3万円	70万円	0.04286 BTC
5月	3万円	120万円	0.02500 BTC
6月	3万円	150万円	0.02000 BTC
7月	3万円	200万円	0.01500 BTC
8月	3万円	260万円	0.01154 BTC
9月	3万円	160万円	0.01875 BTC
10月	3万円	90万円	0.03333 BTC
11月	3万円	80万円	0.03750 BTC
12月	3万円	70万円	0.04286 BTC

逆にBTC価格が3分の1に暴落したら、同じ資金量で3倍購入できることになります。

　ドルコスト平均法の効果は以下の通りです。

◎**価格が安いときにたくさん買えるので、平均購入価格を下げる効果がある**

◎**価格が高いときには少ししか買えないため、購入意欲を抑制する効果もある**

　大衆心理というものは、相場の価格が上がれば買い意欲をそそられて買いたくなるものですし、逆に、下がれば買い意欲がそがれて買いたくなくなるものです。

　投資の基本は「安いときに買って、高くなったら売る」です。その逆をしてしまう人間の弱さをコントロールしてくれるのが、ドルコスト平均法というわけです。

2）ドルコスト平均法は手法ではなく考え方

　しかし、投資手法としてのドルコスト平均法は万能薬ではありません。

　毎月一定金額を投資し続ける方法は、いわゆる「コツコツ投資」や「積み立て投資」に分類されます。

　実際、ドルコスト平均法は、金の積み立て投資や、積み立て投資信託、積み立て保険などにも応用されています。

　まとまった資金を準備するのが難しい人にとっては検討すべき投資法ですが、より高いリターンを求める場合は、他の方法も考えるべきです。

　ドルコスト平均法は、投資法として認識されることが多いですが、

私たちが学ぶべきは、投資手法というよりもその考え方なのです。

ドルコスト平均法の本質は、「価格と時間の分散」です。

高いときに少し、安いときにたくさん買うことによって、購入する価格を分散します。高値づかみにならないように価格を分散するのです。

価格と同様に重要なのが、時間です。購入のタイミングを分散することで、リスクを分散することを目的とします。購入のタイミングが違えば価格も違うからです。

今の価格が高いか安いか判断がつかない場合でも、少なくともタイミングをずらすことで、高いときにばかり買うことは避けられます。

価格と時間は、相場の世界では対をなす概念です。価格が上昇すれば時間も経過するということですし（時間が止まったまま価格が上がることはありません）、時間が過ぎれば価格が変わるということになるからです（固定相場でなければですが）。

購入のタイミングを分散することによって購入価格を分散し、購入価格を分散することでリスクを下げます。

リスクには、「不確実性」と「変動性」という2つの側面があります。

不確実性とは先が読めないこと、予測不能リスクです。変動性とは変動の振れ幅が大きいこと、ボラティリティリスクのことです。

日本語で「恐怖指数」と訳される「VIX指数」があります。VIXとはボラティリティ・インデックスの略です。ボラティリティ、つまり価格変動率の拡大が、恐怖を呼び起こすと考えられているわけです。

「価格と時間の分散」によって、リスクの拡大を防ぐ。これが、ドルコスト平均法が「リスク分散投資法」と考えられる所以です。

3）ドルコスト平均法による資金管理

実際のトレードでドルコスト平均法の優れた考え方を導入する場合、以下のことを考える必要があります。

◎入口（エントリーポイント）と出口（エグジットポイント）
◎リスク許容
◎レバレッジとポジションサイズ

入口と出口は、トレードの基本中の基本です。いつ、どうなったら仕掛けるのか、決済するのかを決めないまま、ポジションを持つことはできません。

特に、結果的に利食いになるか損切りになるかは別として、出口を考えておくことは相場で生き残るためには欠かせません（次ページ上段）。

ドルコスト平均法は単純に毎月（あるいは毎日）買い続ける方法だ、との考え方は捨ててください。永遠に買い続けることはできませんし、買い続けるだけで決済を考えないなら、無限の資金が必要になります。それではドルコスト平均法とナンピンの区別がつかなくなってしまいます。出口を考えずにずっと買い続けてもよいのは、日銀による国債買い入れだけです。

まず、入口（買いのタイミング／売りから入る場合は売りのタイミング）を判断します（次ページ下段）。

相場においてピンポイントで大底を判断することは不可能なので、少しずつ買っていきます。

下げれば下げるほど、買いのポジションサイズを少しずつ大きくしていきます。

ポジションサイズは大きくしますが、購入価格が下がるので、投入

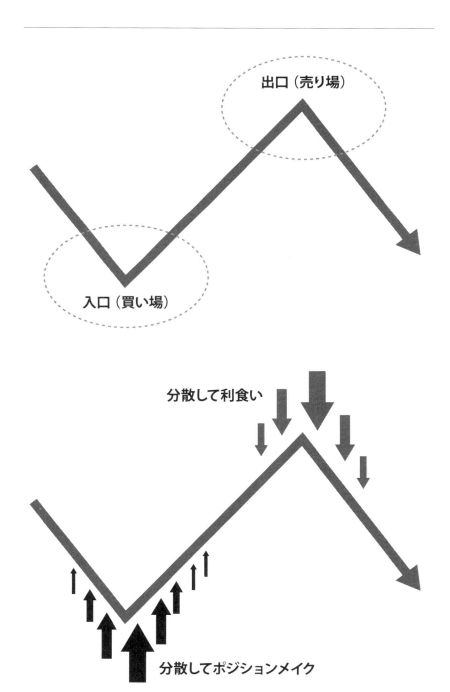

する日本円換算の証拠金額を増やす必要はありません。

　これがドルコスト平均法です。底に近づけば近づくほどたくさん、底から離れれば離れるほどより少額で、ポジションを構築していきます。

　次に、出口（利食いのタイミング）の判断をします。ドルコスト平均法は、出口でも活用できます。つまり、天井に近づけば近づくほどたくさん利食いし、天井から離れれば離れるほど少なく利食いするのです（前ページ下段）。
　このように分散決済を活用すると、購入平均価格を下げることができるだけでなく、決済平均価格を上げることもできます。
　ただし、出口の場合は欲張る必要はありません。相場が反転して少しでも含み益が生じたら、あとはもうどこで利食いをしても「勝ち」ですから、分散して利食いしないで、一気に利益を確定してしまうという選択肢を取ってもよいのです。そのあたりは自由です。

　「リスク許容」と「レバレッジ」と「ポジションサイズ」は、同じことを異なる側面から見ているだけです。
　リスク許容とは、いくらまでなら損失を出してもいいかという損失許容額のことです。
　「レバレッジ」とは、リスク許容金額の範囲でどの程度レバレッジをかけられるかということです。
　「ポジションサイズ」も、リスク許容額の範囲でどの程度のポジションを保有できるかということでしかありません。
　「リスク許容」と「レバレッジ」と「ポジションサイズ」をつなぐ重要な要素が、「ストップ」です。リスク許容が決まっても、ストップが決まらなければ、レバレッジやポジションサイズを決めることができないからです。

ドルコスト平均法でも永遠に買い続けることができない以上、どこかで区切りを入れる必要があります。それがストップです。
　出口もストップもないドルコスト平均法は、ただのナンピンです。
　なお、ストップがなくても、出口をしっかりと決めてあり、資金量がそれなりにあるなら、ドルコスト平均法を維持することができます。

第7章

「トレード手法」を「最高のトレード手法」に変えるのは資金管理

～第1節～
コツコツ負けてドカーンと勝つ

　多くのトレーダーが「資金管理は重要だ」と認めてはいるものの、資金管理に基づいた取引を徹底できているトレーダーに出会うのは稀です。特に初心者トレーダーではそれが顕著です。

　本来ならば、経験が足りない初心者こそ資金管理に頼る必要があります。それなのに、「資金管理」を取り入れたトレードをしないのであれば、安定的な利益が望めるはずもありません。

　資金管理の価値がなかなか認識されないのは、資金管理に積極的なイメージを持てないからでしょう。

　資金管理といえば、損を小さくするためにセコセコ計算して、大きく儲けることのできるチャンスにも小さなロットでしかエントリーできずに機会損失になる……。そんな考えを持ってはいませんか。

　しかし、それは間違いです。資金管理とは、消極的になるための考え方ではなく、大きく勝つための手法です。

　ファイナンシャルプランナーたちは「預金を増やすためにはどうすればいいでしょうか？」という相談を繰り返し受けます。

　そのたびに、「収入を増やすか、支出を減らすか、あるいはその両方」と答えることでしょう。入口を拡大するか、出口を絞るか。どちらかを取り入れないと、お金はたまりません。

さて、資金管理とは、実は、この「入口を拡大し、出口を絞る」ということ以外の何物でもありません。

　節約するだけが資金管理だと思っている人は、その考えを一度捨ててください。語弊があるかもしれませんが、資金管理は大儲けするためにも存在している手法と言えるからです。

　「コツコツドカーン」という言葉を聞いたことがある人は多いと思います。

　コツコツドカーンとは、小さな利益をコツコツ積み上げてきたのに、一度のロスカットでその利益のほとんどを失うばかりか、それ以上の損失を出してしまうことを言います。利益は小さいのに、損失は大きい。これでは証拠金を増やせるはずがありません。資金管理の4大要素である「リスク許容」と「リスクリワード」のバランスが悪い状態になっているからです。

　このコツコツドカーンは、私たち人間の感情と関係しています。

　含み益が少しでも生じると、その含み益を失う「恐れ」と「不安」で、わずかな利益でも利食いしてしまう。

　反対に、含み損が少しでも生じると、損切りして損失を確定させることの「不快感」を避けて、損切りを先延ばししてしまう。

　含み損がどんどん大きくなっていくと、ここまで来たら後戻りできない……などと「現実逃避」してしまう。

　その結果、途中でいくらでも損切りの機会があったにもかかわらず、最後の最後に破滅的損失が確定するまで考えることを先延ばししてしまうのです。

　これが、利益はコツコツ小さく確定させ、損失はドカーンと確定させるという「コツコツドカーン」の全貌です。

　「損失を被（こうむ）る」のではなく、「損失を確定させる」というのがポイン

トです。

　利益は自分の実力で獲得し、損失は誰かのせいで「被って」しまう……。そんなメンタリティのトレーダーが多いですが、厳しいことを言うと、「利益は自分のおかげ、損失は他人のせい」という考え方をする人にトレードをする資格はありません。

　感情のおもむくままに取引していたら、大きな利益を逃してしまい、逆に大きな損失を発生させてしまいます（これがコツコツドカーンです）。
　そうであるならば、感情の弱さを自覚して、感情のままに取引することのないような仕組みが必要になります。
　ここで、資金管理の登場です。資金管理でトレードを縛ることで、小さな利益では利食いさせない、大きな損失になる前に損切りさせるようにするわけです。

　安定的に証拠金を増やしていくために必要なことは、「コツコツ負けること」です。あえて負けという言葉を使っていますが、実のところ、損切りは負けではありません。
　すでに説明しているように、損切りは証拠金を増やすための必要経費です。
　経費と考える（受け止める、解釈する）ということではなく、事実、必要経費です。ですから、臆することなく損切りしましょう。
　初心者のうちは、損切りを極度に嫌がる心理に支配されがちです。嫌だからといって、そのまま何の手も打たないと、トレード経験を何年積んでも、それは変わりません。
　何年たっても変わらないということは、何年たっても勝てるようにならないということです。それが9割のトレーダーの実態ではないでしょうか。

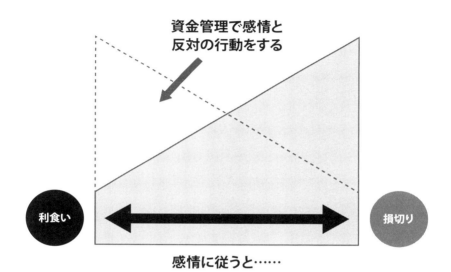

含み益を失う「恐怖や不安」のため利食いは早く（結果金額も小さく）、損失を出すことへの「不快感」のため損切は遅く（結果金額も大きく）なるのが大方のトレーダーの現実です。しかし、恐怖や不安、不快感といった感情を無視して行動だけを変えようとしても難しい。資金管理がその恐怖、不安、不快感を緩和してくれるので、結果的にトレードが変わり、成功へとつながります

コツコツ負けることに慣れたら、次はドカーンと勝つ経験を積み重ねていきましょう。小さな利益を失うことを恐れないで、含み益を育てていくことを覚えるのです。
　ここで注意したいのは、含み益を育てていくことは、相場を予想して最高値で売り抜けることでもなければ、最安値で買い戻すことでもないということです。

　天井や大底は誰にもわかりません。例えば、110円でドル／円を買ったとします。120円まで上昇するだろうと予想して、そこまで利食いしないで引っ張ろうとしていたところ、118円まで上げたところで反転して暴落する可能性は十分あります。
　含み益を最大化しようとするのはよいことですが、本当に含み益が最大になるポイントで利食いすることは不可能であることを肝に銘じておきましょう。

　では、どうするか。
　利食いもゾーンで考えるのです。利食いゾーンに入ってきたら、少しずつ利食いしていくことにするのです。
　また、相場が崩れても含み益が全部吹き飛んでしまわないように、ストップを値動きに合わせて動かしていく、いわゆる「トレーリング・ストップ」を使うことをお勧めします。
　たとえ利益が最大にならなくても、損切りの金額や値幅と比べたときに「利益が大きくなることが当たり前の状態」を作ることができれば、大成功です。
　目指すべき究極のトレードは、常に小さく損切りしながら、アベレージで損切り額の2〜3倍程度の利食いが日常化し、時々訪れる相場のサプライズで、思いもかけない大きな利益をドカーンといただくことです。

損失はストップによって小さく制限し、利益は無制限。それが理想です。損失額はいつも想定内。利益額は想定外も時々発生。これが資金管理の醍醐味です。

　俗にいう「コツコツドカーン」とは、コツコツ勝ってドカーンと負けるという利小損大の意味合いで使われています。そこに資金管理の要素はありません。

　「コツコツドカーン」に資金管理の要素を入れることによって、まったく逆のことが起こります。つまり「コツコツ負けて、ドカーンと勝つ！」ということです。

　序章でも述べた通り、市場参加者の9割が負けている事実があります。多くの場合、資金管理に問題があるというお話をさせていただきました。

　それならば、負けている人の逆の行動をすればよいという考え方が成り立ちます。その結果、9割の負け組から、1割の勝ち組へと逆転できるのです。

～第2節～
管理できるもの・管理できないもの

　相場の世界には、管理できるものと、管理できないものがあります。結論からいえば、管理できるのは自分の行動。管理できないのは相場です。

　資金管理は「資金管理」であって、「相場管理」ではありません。相場が上昇するか下落するかなど、誰にもわからないのが現実です。

　わからないながらも、「ここまで来たら買う（売る）、そしてあそこで利食い」などとシナリオを立て、売買するのがトレードです。

　そのとき、損失はできるだけ小さく、利益はできるだけ大きく。そして証拠金を減らさず、増やしていく。そんなトレードをしたいと、誰もが思っているのではないでしょうか。

　しかし、現実は甘くありません。「下落して押し目を作ったら買おう」と待ち構えていたのに買えないまま上昇してしまったり、サポートをブレイクしたので売ってみたら、そのまま上昇してしまったり……。

　相場がいつも自分の思う通りに動いてくれるならば、みんな勝ててしまいます。でも、そんなことは起こりません。相場は投資家の目論見を裏切り、時には想定外の大変動を起こします。上昇相場だと思っていたら突然暴落したりなど、市場参加者の裏をかくことを楽しんでいるかのようです。相場は管理できません。

　「固定相場制にしたら管理できるのではないですか？」という意見もあります。しかし、長い目で見ると、成功した固定相場など、歴史

上、何ひとつありませんでした。

　すべての固定相場はいずれは崩れてしまいます。やはり、相場を管理することはできないのです。

　しかし、自分の行動は管理できます。利食いや損切り、ポジションサイズ、どの程度のリスクを取るか、そして、そもそもエントリーするかしないかも、自分で決められます。自分で実行できます。これらを総称して、「資金管理」と言います。コントロールできないことに目を向けるのではなく、コントロールできることに注意を払いましょう。

　私は、資金管理を制すれば、相場を制することができると考えています。なぜでしょうか？

　仮に暴落相場に直面したとしても、エントリーしなければそもそも損失は出ません。エントリーしたとしても、ポジションサイズを小さくしておけば損失は小さくなりますし、ストップで一定以上の損失が出ないようにしておけばよい話ですから、暴落相場など恐れるに足りません。

　上昇すると思っていたら下落する。そんなことは日常茶飯事です。相場はコントロールできないけれども、相場での立ち振る舞い、相場で取るリスクは自分でコントロールできます。「相場が恐い」と思っている人は、相場が恐いのではなくて自分をコントロールできないことが恐いのです。大きな損失が恐いのではなくて、大きな損失を出すまで損切りできない自分が恐いのです。大きな損失を出してしまうほどの大きなポジションを持ってしまう自分の欲が恐いのです。

　相場は誰に対しても平等です。誰の言うことも聞きません。初心者トレーダーだけでなく、チーフディーラーの言うことも、ファンドマネジャーの言うことも、為替アナリストの言うことも聞いてくれません（だから彼らは後付けの解説しかできないのですが……）。

　相場をコントロールしようと考えても無駄です。相場の予想や予測

で他の市場参加者に対して優位に立つことなどできません。

　他の市場参加者（ライバル）に差をつけられるのは、自分で管理できるものしかないのです。それこそ、資金管理です。

　第1章で取り扱った外部要因と内部要因の内容を思い出してください。まとめると以下のことが言えます。

◎**相場は管理できない・・・・・・・・・・外部要因**
◎**チャートは自分で作れない・・・・・・外部要因**
◎**相場予想に意味はない・・・・・・・・外部要因**
◎**エグジットポイントも管理できない・・・外部要因**

　外部要因は私たちには管理できない領域であり、相場に委ねるしかありません。エントリー後に損失になるか、それとも利益になるかは相場が決めてくれます。いうなれば自分のポジションはいったん相場に預け、神様に管理してもらう感覚です。

◎**リスクは管理できる（限定できる）・・・・・内部要因**
◎**レバレッジ（ポジション）は管理できる・・・内部要因**
◎**ストップ、リミットで管理する・・・・・・内部要因**
◎**平均コスト、指値注文で管理する・・・・・内部要因**

　内部要因は私たちに管理できることです。むしろ管理しなければなりません。

◎**外部要因＝リスクヘッジしかできない領域**
◎**内部要因＝自分で徹底管理できる領域**

何事にもバランスがあります。ここでいうバランスとは、リスクヘッジだけして、あとは相場に委ねる領域と、自分で徹底管理する領域のバランスを意味します。このバランスを保つことができるトレーダーこそが、「利益が与えられる」という考え方を大切にしています。

　私たちトレーダーに求められることは、管理できることは徹底的に管理するということです。管理できないものは管理できないと認め、諦め、手放す必要があります。

　自分の行動を管理できる人、資金管理ができる人、自分の資産をきちんと管理できる人にはお金が与えられます。管理できない人にお金を与えても、管理できないのですぐに失ってしまいます。

　仕事でも家庭でも同じです。管理できない社員に会社のお金を預けたり任せたりはしないはずです。管理できない子に親はお金を与えないのです。お金は管理ができるようになったときに初めて与えられるものです。

　幼いころ、祖父や祖母、親戚中からお年玉をもらったことを思い出します。当時の幼い私がそのお年玉を使ってすぐに何かを買ったりした記憶はありません。お金の価値もわからず、使い方もわからないからです。そのお年玉はどうなったのでしょうか？　私が成人したとき、母親から通帳を手渡されました。いつかのお年玉を定期預金として積み立てていてくれたのです。そうです、私が管理できるようになるまで、親が管理してくれていたのです。

　相場をコントロールし、相場から利益を搾取しようという考え方は、神様の持ち物を盗むことと同じで、うまくいくはずもありません。いったんは相場に預け、神様に管理してもらうような気持ちで委ね、反面、自分で管理できることは自分で管理できるようになると、預けたもの以上にさらに与えられるものです。

　管理できるものを管理せず、管理できないものを管理しようとしていませんか？

～第3節～
淡々とトレードする（一定を保つ）

　トレードで収益を上げ続けるための、もうひとつの大切な考え方が「一定を保つ」という考え方です。

一定を保つ

トレードは繰り返すもの

○ エッジ（優位性）のある
　ルールを繰り返す

× 一喜一憂しながらトレード

　「一定を保つ」とは、同じことを繰り返すことです。そして、それを自然な状態にすること、行動をころころ変えないことが大事です。
　優位性のあるルールや勝ちパターンを持っているならば、それをただひたすら繰り返すのみです。
　優位性（期待値）のあるルールは繰り返されて初めてその優位性を

発揮します。期待値が高い勝ちパターン（その実例として鹿子木式勝ちパターンを本書ではご紹介しています）があれば、ひたすら同じことを繰り返すのが成功の王道です。

そういう意味では、勝ちパターンのトレードはつまらないものかもしれません。逆説的ですが、トレードでは、つまらないことをひたすら繰り返していくと、おもしろいほど資産は増えていきます。

トレードにスリルは必要ありません。楽しむものでもありません。大切な資産を増やすためにトレードしているからです。

レバレッジは、証拠金に対してだけ利かせることのできるものではありません。時間に対してもレバレッジを利かせることができます。生涯、トレードを続けるつもりならば、時間にレバレッジをかけることが賢明な戦略です。時間を味方につければ、収益が青天井で増えていきます。一定を保つことができれば、生涯にわたって大数の法則が作用してくれます。

一定を保つことが難しいとしたら、その原因は自分の勝ちパターンを確立していないところにあると考えられます。勝ちパターン確立の鍵は資金管理が握っています。手法ばかりに目が向いているなら、勝ちパターンにはなりません。手法探しの旅を永遠に続ける人は、良い手法との出合いに恵まれないのではなく、資金管理を理解していないだけなのです。

皆さんには一定を保つことのできる（安心して繰り返すことのできる）勝ちパターンはありますか？

～第4節～
トレード手法が悪い？
（シンプルさを保つ）

　ここまで書いてきたことと矛盾するように感じられるかもしれませんが、「自分にとって最高のトレード手法」というものはあると思います。

　これは、相性の問題です。しっくりくるトレード手法、使いやすいインジケータ。それを見つけるのは悪いことではありません。

　ただ、トレード手法探しだけでトレード人生のほとんどを終えてしまうトレーダーがあまりにも多いので、「トレード手法はどれでも同じだから、手法探しではなく資金管理をマスターするほうが賢明だ」と申し上げたいのです。

　仮に自分にとって最高のトレード手法があるとします。その最高のトレード手法を生かすも殺すも資金管理次第であることに気づいてください。どんなに良い手法だとしても、資金管理ができていなければ利益を上げ続けることはできません。

　資金管理なしには、たとえ良い手法でトレードしていても、やはり、コツコツドカーンを繰り返してしまうことになります。

　利益を上げているトレーダーは、手法によって成功しているのではなく、資金管理によって成功しています。

　この事実を信じたくない人は多いと思いますが、ここは避けて通ることのできないポイントです。

　資金管理を取り入れることによって初めて、「最高のトレード手法

(使えるトレード手法)」になります。資金管理がトレード手法を生かすのです。事実、「こんな手法では勝てないな」と感じていたような手法が、資金管理によって輝き始め、地味でも確実に利益をもたらしてくれるツールに変身することは、よくあることです。

　初心者であるか経験者であるかを問わず、トレーダーたちの中で広く流布しているのが、「トレード手法至上主義」です。
　「勝つために最も重要なのはトレード手法であり、そのトレード手法を支えているインジケータである」。このことに異論をさしはさむ人はほとんどいないでしょう。

　しかし本当にそうでしょうか？
　利益になるかどうか、証拠金が増えるかどうか、トレードで成功できるかどうかは本当にトレード手法で決まるのでしょうか？　いいえ、私はそうは思いません。
　「トレード手法は"ピンキリ"、つまり良いものから悪いものまである」と考えることもできますが、私には「どんぐりの背比べ」という捉え方のほうがしっくりきます。
　良さそうに見える手法であっても、これは使えないと思えるような手法であっても、所詮は手法です。似たり寄ったりだということです。トレード手法で勝てるほど、相場の世界は甘くはありません。
　資金管理の重要性が投資家に認識されにくい背景のひとつには、「私たちトレーダーの中に、このトレード手法至上主義があるからだ」と私は考えています。
　トレード手法で勝てるなら、資金管理は必要ないと考えるのは自然なことです。しかも、資金管理は面倒くさいように見えるからなおさらです。
　「勝ち組トレーダーを○○人輩出した究極の手法」「誰でも勝てるシ

ンプル○○手法」などと聞けば、それだけで勝てるように錯覚してしまいます。トレード手法だけで勝てると喧伝し、資金管理を個人投資家から遠ざけようとする一部業界人の罪は重いです。

　極論、資金管理法が習得できれば、トレード手法など何でもよいとさえ言えます。

　トレード手法至上主義を信じて、チャートにテクニカルインジケータをたくさん表示させているトレーダーをよく目にします。これ自体は悪いことではありませんが、判断に迷いが出たり、複雑に考えて混乱しやすい弊害も否定できません。自分の勝ちパターンを持っていない人ほど、たくさんのインジケータを出したがる傾向があると感じています。

　そこで3つ目に大切にしている考え方についてお話しします。それは、シンプルさを保つことです。

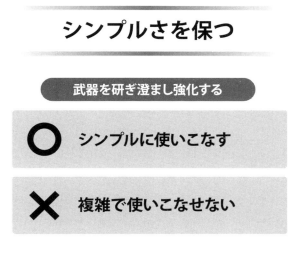

まずはシンプルに使いこなせる武器を選ぶ必要があります。複数のインジケータを取り入れていると、考えれば考えるほどに複雑になっていきます。複雑になると迷いが出て、再現性がなくなります。

　ですから、余計なものを削ぎ落としていく必要があります。これまでにインジケータをいくつも購入してカスタマイズしていた場合、インジケータを削除することには抵抗を感じるかもしれません。

　しかし、本当に使いこなしていないならば手放すべきです。チャートをシンプルにすることで見える世界は広がります。

　そして、シンプルにひとつのものを使い続けることによって強化され、研ぎ澄まされていくものです。シンプルだからこそ一定の判断ができ、大数の法則が作用し、トレード期待値も見えてきます。

　トレード期待値がプラスであるなら、シンプルさを保つことを最優先すべきです。シンプルなものは強く、美しく、しなやかです。それだけでなくシンプルさは深みを与えます。トータルで利益を残していくトレーダーは、シンプルさを保っています。手法のシンプルさによって資金管理が生かされるからでしょう（手法が複雑だと資金管理も難しくなります）。

～第5節～
テクニカルを変えるのではなく、資金管理を変える

　ここまで書いてきたように、私たちがトレードで改善できる大部分は資金管理の領域だけです。

　いくらパラメーターを調整し、いじってみても、それはひとつの手法から別の手法へと変貌するだけです。

　いわゆる聖杯探しの旅の始まりです。そして、聖杯探しの旅には終わりがありません。テクニカルをいろいろ試してみてもうまくいかない。そういう人が多いのは、資金管理がわかっていないからです。

　トレード＝資金管理、です。

　トレードで調整できる部分は内部要因である資金管理の領域だけだったはずです。第5章でお伝えしたトレード許可証の7つの手順の範囲でしか調整する術はありません。

　相場分析をして「買い」と判断しても、シナリオを立て、検討し、計画を立て、エントリーするかしないかは自分で選べます。

　そしてストップ、平均コスト、リミットの価格を調整することができます。

　さらに自分でリスク許容を設定することができます。そのリスク許容からポジションサイズが決まります。ポジションサイズからレバレッジを知ることができます。

平均コストからのストップとリミットの値幅でリスクリワードがわかります。注文方法についても成行注文と指値注文のどちらかを選ぶことができます。

　これだけ取ってもさまざまな戦略が考えられます。

　繰り返しになりますが、私たちがもし勝てないとしたら、テクニカルインジケータや手法を変えるより先に、資金管理を変えるべきです。テクニカルや手法は確実ではありませんが、資金管理は数字で具体的かつ確実に、勝ちに導いてくれるからです。

～第6節～
実生活でも役立つ資金管理

　資金管理の考え方はトレードのみならず、ビジネスにも、人生にも役立つものだと考えています。
　トレーダーは経営者です。会社経営と同じです。

◎手をつけるべきでない借入金に手をつけ（レバレッジ）
◎余計な設備投資をし（ポジション）
◎回収すべき売上を回収せず（利益確定）
◎保険をかけない（ストップ）

　これでは、いずれ倒産してしまいます。
　ビジネスでも、仕入れコストをできるだけ安く抑え（平均コストの考え方）、希望小売価格（リミット）を設定し、同時に撤退シナリオ（ストップ）も立てるでしょう。うまくいきはじめたら徐々に投資額を増やしていき（増し玉）、間違ったら撤退（ロスカット）です。
　ロスカットの考え方は必要経費だということは、もうすでに理解していただいていることでしょう。
　小さく始め、大きく育てるリスクの取り方はビジネスでも役立ちます。これは打診エントリーの考え方です。
　赤ちゃんが歩き出す最初の一歩、ベビーステップです。よちよち歩きから始めても、いったん歩き始めたら、どんどん歩けるようになり

ます。そしてすぐに走ることを覚えます。なかには陸上選手に育つ子もいることでしょう。

　うまくいかなくても小さな資金でエントリーしていれば、ロスカットしやすい心境でいられるはずです。何度失敗してもやり直すことができます。

　ロスカットは方向転換です。もし一度に大きな資金を投じてしまったら、投資額を回収するまでは撤退できなくなります。場合によっては、後戻りできない状況になりかねません。だからこそ、小さく始め、大きく育てるリスクの取り方、つまりリスクリワードを学ぶ必要があるのです。

　リスクリワードの考え方は、新規事業を始めるかどうかを決断するものさしにもなります。失敗しても会社に与える影響は限定的なのか（リスク）？　この事業やマーケットは今後どの程度の成長が見込めるのか（リターン）？　納得できる結論なら、ゴーサインです。

～第7節～
トレードで勝ち続けるために

　私たちトレーダーは「自律」することで、「自立」したトレーダーを目指します。
　大数の法則と期待値、勝率とリスクリワードの関係性を含め、トータルで勝つという「確率」の意味を正しく理解し、自分の勝ちパターンを「確立」することで勝ち続けることができるのです。
　私たちに求められることは、相場で唯一コントロールできる資金管理を徹底することです。
　管理できることを徹底的に管理し、管理できないことは天に身を委ねるバランスが大切です。
　一定を繰り返すことで習慣化することができれば、人生に大きな変革をもたらすほどの成長を遂げることができます。
　また、ものごとをシンプルに捉えることができると、適切な判断ができるようになります。
　トレードとは、手法やテクニカルではなく、資金管理で勝つゲームなのです。

　最後に、本書が読者の皆さんのトレードの改善だけでなく、人生の期待値の改善にもお役に立てるなら幸いです。
　私たちはいつでもロスカット（方向転換）できます。ロスカットは方向転換のチャンスです。

資金管理のフレームワークが読者の皆さんの人生のあらゆる領域で花を咲かせ、皆さんが人生のリスクリワードを大きくされ、期待値の高い人生を送ることができるようにと願ってやみません。

巻末付録

鹿子木式10の勝ちパターン と
勝ちパターン1 について

資金管理の実例に登場させた2つの用語（概念）を説明します。

前提として、本書は資金管理の専門書なので、手法的な部分については極力書かないようにしています。

しかし、資金管理のフローを説明するにあたり、根拠のないエントリーやエグジットを例に出しても資金管理の実際を伝えることは困難であることがわかりました。

そこで、著者のひとりである鹿子木健が提唱している「鹿子木式10の勝ちパターン」の中の「勝ちパターン1」のルールを、エントリーからエグジットまでの資金管理の実例として用いました。

鹿子木式10の勝ちパターンとは、10種類のシンプルなチャート形状を判断し、それぞれエントリー、損切り、利食い、資金管理を一元化して利益にする「トレード手法」です。

しかし、鹿子木はこれをトレード手法ではなく、「勝ちパターン」と呼んでいます。多くの手法はチャート分析やテクニカル分析から出発しているのに対し、鹿子木式勝ちパターンは最初から最後まで「どのように利益にするか」という考え方から出発していることを特徴としています。

勝ちパターンは、チャートパターンを見るだけでなく、自分の行動もパターンに落とし込みます。本書では詳しくは解説しませんが、そのような勝ちパターンが10種類あります。

◎**勝ちパターン1は、調整相場を利益にするパターン**
◎**勝ちパターン2は、トレンド初動をとらえ利益にするパターン**
◎**勝ちパターン3は、レンジ相場の上下限から利益にするパターン**

鹿子木は「10の勝ちパターン」を提唱し、長期間にわたって実践者を輩出してきました。そして、この勝ちパターンの完成にあたって

◆鹿子木式勝ちパターン1(買い)

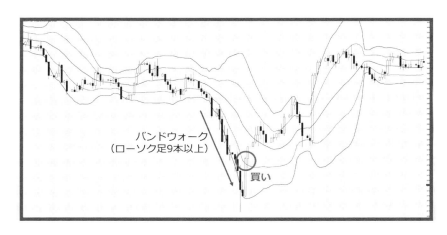

◆鹿子木式勝ちパターン1(売り)

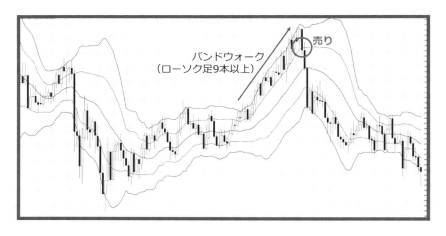

は、伊藤彰洋が検証の責任を負いました。

　以上のような経緯から、本書では「鹿子木式10の勝ちパターン」の中から「勝ちパターン1」をエントリーやエグジットの実例として使用しました。

　勝ちパターン1は調整相場を利益にするパターンです。
　買い方向の場合は、ボリンジャーバンドでバンドウォーク（終値でマイナス1シグマラインを下回り続けること）がローソク足最低9本以上継続した後、マイナス1シグマラインを終値で上回った場合、買いを検討することとします（前ページの上段のチャート参照）。
　売り方向の場合は、ボリンジャーバンドでバンドウォーク（終値でプラス1シグマラインを上回り続けること）がローソク足最低9本以上継続した後、プラス1シグマラインを終値で下回った場合、売りを検討することとします（前ページの下段のチャート参照）。
　利食いはそれぞれセンターライン、1シグマライン、2シグマラインで分散して行います。エントリーのときのポジションサイズにも基本ルールがありますが、この部分については本文中での解説に譲ります。

あとがき

　最後までお読みいただき、ありがとうございました。
　本書は、日本語で読める本としては初めての、本格的な資金管理の専門書です。なぜこれまで、「資金管理は重要」と誰もが口を揃えて言いながらも、資金管理を本格的に教える人や教材が希少だったかといえば、おそらく人気がないから、売れないからという理由だけでしょう。
　「必勝の手法」について書いた本は売れても、資金管理の本はなかなか売れないのが現実だろうと、残念ながら容易に想像がつきます。
　売れないだけならまだよいのですが、実は、さらに深刻な問題が存在します。本格的な資金管理の教えが広まり、個人投資家が資金管理できるようになると、FX業界や投資情報業界と利益相反が生まれてしまうのです。
　トレード初心者は損をしてくれたほうがよい。勝ち方がわからないでいてくれたほうがよい。手法探しを延々と続けてくれたほうがよい。相場コメントやシグナル情報に依存してくれたほうがよい。そんな構造があるからこそ、「資金管理は重要」と言いながら、本気で資金管理を伝える人がいなかったのだと思います。
　これは業界の恥です。個人投資家が負ければ負けるほど利益になるビジネスではなく、勝ってもらうことで利益になるビジネスが広まるほうが日本は良くなります。

　かく言う私も、共著者の伊藤彰洋さんらと一緒に「SOPHIA FX」というFXトレードコミュニティに取り組んでいますが、勝てるようになったら卒業し離れていく方々も多いです。そこに葛藤がないわけ

ではありません。ですから、負けてくれたほうが儲かると考える方々の気持ちも理解できなくはありません。

しかし、今、FX業界の「良識」が問われていると思います。「競馬、パチンコ、FX」というフレーズで、日本ではギャンブル性の高い投資と思われているFXが、「預金、保険、FX」、いきなりそこまでは難しくてもせめて「株式投資、不動産、FX」くらいにはなってほしい。

そのために、本書に続く第二、第三の「資金管理本」が世に出てほしいと思います。資金管理の最高峰の座をめぐって正々堂々と競争をしましょう！

伊藤彰洋さんとは2012年に沖縄で出会いました。当時から志の高い専業トレーダーだった伊藤さんと意気投合し、まさに資金管理を土台としてテクニカルの本質を私なりに咀嚼して、勝ち方をパターン化した「10の勝ちパターン」を伊藤さんの助けを得ながら完成させました。リーマンショック期を含む過去10年間のチャートでのバックテストを終えて、「健さん、これはいけますよ」と言ってくれた伊藤さんの言葉は忘れられません。

伊藤さんとはその後もご一緒させていただいています。特に、共に取り組ませていただいた資金管理セミナーは好評で、4都市で開催、たくさんの方が参加してくださいました。

伊藤さんの資金管理は日々進化しています。日本一の資金管理のスペシャリストと言っても差し支えありません。本書を伊藤さんとの共同作品として世に現すことができたことを光栄に感じています。

今回の出版の機会は、パンローリング株式会社取締役の長沢正樹さんを通していただきました。また、担当編集者の磯﨑公亜さんには忍耐強く私どもと歩みを共にしていただきました。

パンローリングさんには、資金管理というおよそ売れにくい本の出

版に踏み切るという経営判断をしていただいたことに対し、心よりお礼申し上げます。このご決断は、日本人投資家への最大級の支援であり貢献です。歴史がこの英断の価値を証明すると思います。

鹿子木健

P.S.

資金管理の重要性を理解され、本書を最後まで読んでくださった読者の皆様に、資金管理と勝てるFXトレードのさらなる学びの場をご紹介させてください。

鹿子木健は「SOPHIA Ⓡ FX 鹿子木健の勝ちパターンシグナル」にて、「10の勝ちパターン」によるモデルトレードを、資金管理も含めて、エントリーからエグジットまですべて公開し、毎日勝ちパターンシグナルを配信しています。

また伊藤彰洋は「THE FX TRADE / FX資金管理」にて、資金管理トレードの情報や資金管理ツールを公開しています。よろしければアクセスしてみてください。

鹿子木健の勝ちパターンシグナル	THE FX TRADE　FX資金管理.com

◆著者プロフィール

伊藤 彰洋（いとう あきひろ）

ブログ『THE FX TRADE FX資金管理.com』を運営。トレードスキルアップのためのヒントや資金管理に関する情報を発信している。MT4資金管理スクリプトなど、資金管理トレードを自動化するツールを公開中。前著『FXで勝つための資金管理の技術』では「トレードとは資金管理のことである」と提唱し、多くのトレーダーから注目を集める。共著者である鹿子木氏と共に日本全国で開催した資金管理セミナーでは多数の学徒が資金管理により損益の変革を経験した。

鹿子木 健（かなこぎ けん）

株式会社メデュ〔投資助言・代理業　近畿財務局長（金商）第409号〕代表取締役。2004年から個人投資家として投資活動を始めた。投資全般に通じているが、外国為替証拠金取引（FX）が得意分野。エッジの効いたチャートパターンと勝てる行動パターンを組み合わせた「勝ちパターン」を提唱し、「鹿子木式10の勝ちパターン」としてまとめ、発信している。2014年から4年間、数千人の個人投資家に対しFX投資助言を行い、自身の全トレードをリアルタイムで公開。一時中断していたが、2020年7月から「SOPHIA FX®鹿子木健の勝ちパターンシグナル」にてモデルトレード公開と勝ちパターンシグナル配信を再開している。

ツイッター @kanakogiken

2019 年 10 月 3 日	初版第 1 刷発行	
2019 年 11 月 2 日	第 2 刷発行	
2020 年 2 月 2 日	第 3 刷発行	
2020 年 10 月 3 日	第 4 刷発行	

現代の錬金術師シリーズ ⑮

勝てない原因はトレード手法ではなかった

ＦＸで勝つための資金管理の技術
――損失を最小化し、利益を最大化するための行動理論

著　者　伊藤彰洋　鹿子木健
発行者　後藤康徳
発行所　パンローリング株式会社
　　　　〒 160-0023　東京都新宿区西新宿 7-9-18　6 階
　　　　TEL 03-5386-7391　FAX 03-5386-7393
　　　　http://www.panrolling.com/
　　　　E-mail　info@panrolling.com
装　丁　パンローリング装丁室
組　版　パンローリング制作室
印刷・製本　株式会社シナノ
ISBN978-4-7759-9170-1

落丁・乱丁本はお取り替えします。
また、本書の全部、または一部を複写・複製・転訳載、および磁気・光記録媒体に入力することなどは、著作権法上の例外を除き禁じられています。
【免責事項】
この本で紹介している方法や技術、指標が利益を生む、あるいは損失につながることはない、と仮定してはなりません。過去の結果は必ずしも将来の結果を示したものではありません。この本の実例は教育的な目的のみで用いられるものであり、売買の注文を勧めるものではありません。

本文　©Akihiro Ito . Ken Kanakogi ／図表　©Pan Rolling　2019 Printed in Japan

ＦＸ関連書籍

著者：春香
１分足のレンジで勝負！
行き過ぎを狙う
ＦＸ乖離（かいり）トレード

定価 本体2,000円+税　ISBN:9784775991060

【独自のインジケーターで短期（1分足）のレンジ相場の行き過ぎを狙う】1カ月分（2011年1月）の「トレード日誌」で勝ち組トレーダーの頭の中を公開！

著者：アンディ
17時からはじめる
東京時間半値トレード

定価 本体2,800円+税　ISBN:9784775991169

予測が当たっても儲からないことはある。予測以上に考えなければならないのは「どうポジションを作るのか」です。「半値」に注目した、シンプルで、かつ論理的な手法をあますことなく紹介！

著者：浜本学泰
世界の"多数派"についていく
「事実」を見てから動く
ＦＸトレード

定価 本体2,000円+税　ISBN:9784775991350

〜正解は"マーケット"が教えてくれる〜
"がっかり"するほどシンプルな手法だから、すぐに覚えられる！

著者：えつこ
待つＦＸ
1日3度のチャンスを狙い撃ちする

定価 本体2,000円+税　ISBN:9784775991009

毎月10万円からスタートして、月末には百万円にまで膨らませる専業主婦トレーダーがその秘密を教えます。

関連書籍

FXメタトレーダー入門
著者：豊嶋久道

定価 本体2,800円+税　ISBN:9784775990636

リアルタイムのテクニカル分析からデモ売買、指標作成、売買検証、自動売買、口座管理まで！ FXトレード・売買プログラミングを真剣に勉強しようという人に最高級の可能性を提供。

FXメタトレーダー実践プログラミング
著者：豊嶋久道

定価 本体2,800円+税　ISBN:9784775990902

メタトレーダーの潜在能力を引き出すためには、メタトレーダーと「会話」をするためのプログラム言語「MQL4」の習得が求められる。強力なプログラミング機能をできるだけ多く紹介。

システムトレード 基本と原則
著者：ブレント・ペンフォールド

定価 本体4,800円+税　ISBN:9784775971505

トレードで生計を立てたい人のための入門書。大成功しているトレーダーには「ある共通項」があった!!
あなたは勝者になるか敗者になるか？

FXメタトレーダー4 MQLプログラミング
著者：アンドリュー・R・ヤング

定価 本体2,800円+税　ISBN:9784775971581

メタエディターを自由自在に使いこなす！ MQL関数徹底解説！ 自動売買システムの実例・ルールが満載。《特典》付録の「サンプルプログラム」がダウンロードできる！

勝てない原因はトレード手法ではなかった
ボリンジャーバンドを使った、すぐに真似できる
2つのトレード奥義を伝授

FXで成功するための「勝ちパターン」理論

鹿子木健、伊藤彰洋【著】

定価 本体1,800円+税　ISBN:9784775991749

私たちは、勝ちパターン（勝ち方）を学ばなければならない！

世の中に、手法を教えてくれる人はたくさんいます。また、書籍も多くあります。トレードの技術を学ぶという意味においては、"それら"から役立つ情報を手に入れることは確かにできます。しかし、先述したように、手法だけでは足りないのもまた事実です。現状を把握して、手法を使う条件が揃っているかを確認すること、最高の出口（利益確定）と最悪の出口（損切り）を設定すること、そのあとでエントリー＆エグジットという行動に出ること。この流れに沿ってトレードするのが勝ちパターン、つまり、勝ち方です。

「0pipsを狙うなら、どのルールが良いのか」を徹底検証！

出口から考えるFX

角田和将【著】

定価 本体2,800円+税　ISBN:9784775991640

最小限の検証時間で勝ちトレードを最大限に増やすための実験レポート

今回、検証を通してわかったことがあります。本書で取り上げたルールにはすべて、通貨ペア、時間足の組み合わせに対して、何かしらの勝てる組み合わせがあったのです（組み合せの詳細は本書にて）。同じトレードルールでも、通貨ペアや時間軸によって、成績が大きく変わります。どんなルールにも勝てる可能性は秘められている、ということです。ルールが悪いのではないのです。相場の状況に合わせてルールを使い分けていかないから勝てないのです。この重要性がわかっただけでも、すごいことなのです。私たちトレーダーが真にやらなければいけないのは、勝てないからといってルールを変えようとすることではありません。ルールの特徴を踏まえたうえで、今の相場に合うルールを採用することなのです。

ラルフ・ビンス

オプティマルfの生みの親

トレーディング業界へは歩合制外務員として入り、のちには大口の先物トレーダーやファンドマネジャーのコンサルタント兼プログラマーを務める。著書には『投資家のためのマネーマネジメント』(パンローリング)、DVDに『世界最高峰のマネーマネジメント』(パンローリング)などがある。ケリーの公式を相場用に改良したオプティマルfによって黄金の扉が開かれた。

ウィザードブックシリーズ151
ラルフ・ビンスの資金管理大全

定価 本体12,800円+税　ISBN:9784775971185

どんな手法にも
最適なマネーマネジメントが存在する

最適なポジションサイズとリスクでリターンを最大化する方法。リスクとリターンの絶妙なさじ加減で、トントンの手法を儲かる戦略に変身させる!!!
資金管理のすべてを網羅した画期的なバイブル!
基本的な数学法則とコントロール不可能なリスクを伴う一連の結果を扱うときに、これらの数学法則がわれわれにどのような影響を及ぼすのか。

DVD　資産を最大限に増やす
ラルフ・ビンスの
マネーマネジメントセミナー

定価 本体100,000円+税　ISBN:9784775962442

中長期トレンドフォローシステムの公開

スペース・レバレッジモデル(資金管理モデル)の公開
↓
オリジナルソフト提供

オプティマルfで定期性リスク率を一般に公表したラルフが次に開発した資金管理モデル。本セミナー参加者だけに公表される数学やプログラムの知識がなくても活用できる資金管理プログラム。

関連書

小次郎講師流 目標利益を
安定的に狙い澄まして獲る
真・トレーダーズバイブル
小次郎講師【著】

定価 本体2,800円+税　ISBN:9784775991435

エントリー手法は、資金管理とリスク管理とセットになって、はじめてその効果を発揮する。

本書では、伝説のトレーダー集団「タートルズ」のトレードのやり方から、適切なポジション量を導き出す資金管理のやり方と、適切なロスカットをはじき出すリスク管理のやり方を紹介しています。どんなに優れたエントリー手法があったとしても、資金管理（適切なポジション量）とリスク管理（どこまでリスクを許容すべきか）が構築されていないと、その効果を十二分に発揮できません。何をすべきか（どういうトレードルールを作るべきか）。その答えを本書の中で明かしています。

小次郎講師流テクニカル指標を計算式から学び、
その本質に迫る
真・チャート分析大全
小次郎講師【著】

定価 本体2,800円+税　ISBN:9784775991589

安定的に儲けるためにはチャート分析が不可欠である

チャート分析について勉強すると、すぐに「どこが買いポイント、どこが売りポイント」というところにばかり興味がいきます。しかし、それだけの研究はお勧めしません。
すべてのチャート分析手法、テクニカル指標は、過去の相場の達人たちの経験と知恵の結晶です。相場の先人たちが何をポイントに相場を見ていたのかを本書では学べます。

関連DVD

15時からのFX
講師：バカラ村

定価 本体3,800円+税　ISBN:9784775963296

毎月の利益をコンスタントに獲得する、人気テクニカルアナリスト初公開の手法！「ボリンジャーバンド」と「フォーメーション分析」を使ったデイトレード・スイングトレードの手法を実践例や動くチャートをもとに解説。

15時からのFX 実践編
講師：バカラ村

定価 本体3,800円+税　ISBN:9784775963692

ボリンジャーバンドとRSIの相場状況に応じた見方・使い方や、勝率を高めるパターンの組み合わせ、他の市場参加者の損切りポイントを公開。

DVD 新しいダイバージェンス
講師：バカラ村

定価 本体3,800円+税　ISBN:9784775963562

バカラ村氏が信頼している「ダイバージェンス」を使ったトレード手法について、より信頼度が高いダイバージェンスを含め、実践的チャートをもとに詳しく解説。

DVD バカラ村式ハンタートレード
講師：バカラ村

定価 本体4,800円+税　ISBN:9784775963838

トレード確立のための3つのステップ「相場観」「タイミング」「資金管理」。とりわけ知っておくべき利益を具現化させるための過程で一番重要であるのは資金管理である。

関連書

ウィザードブックシリーズ228
FX 5分足スキャルピング
プライスアクションの基本と原則
ボブ・ボルマン【著】

定価 本体5,800円+税　ISBN:9784775971956

132日間連続で1日を3分割した5分足チャート【詳細解説付き】

本書は、トレーダーを目指す人だけでなく、「裸のチャート（値動きのみのチャート）のトレード」をよりよく理解したいプロのトレーダーにもぜひ読んでほしい。ボルマンは、何百ものチャートを詳しく解説するなかで、マーケットの動きの大部分は、ほんのいくつかのプライスアクションの原則で説明でき、その本質をトレードに生かすために必要なのは熟練ではなく、常識だと身をもって証明している。

トレードでの実践に必要な細部まで広く鋭く目配りしつつも非常に分かりやすく書かれており、すべてのページに質の高い情報があふれている。FXはもちろん、株価指数や株や商品など、真剣にトレードを学びたいトレーダーにとっては、いつでもすぐに見えるところに常備しておきたい最高の書だろう。

ウィザードブックシリーズ200
FXスキャルピング
ティックチャートを駆使したプライスアクショントレード入門
ボブ・ボルマン【著】

定価 本体3,800円+税　ISBN:9784775971673

無限の可能性に満ちたティックチャートの世界！ FXの神髄であるスキャルパー入門！

日中のトレード戦略を詳細につづった本書は、多くの70ティックチャートとともに読者を魅力あふれるスキャルピングの世界に導いてくれる。そして、あらゆる手法を駆使して、世界最大の戦場であるFX市場で戦っていくために必要な洞察をスキャルパーたちに与えてくれる。

三位一体のFXトレード理論

坂井秀人【著】

定価 本体1,800円+税　ISBN:9784775991534

手法の発見、手法の証明、手法の稼働。
この3つの一連の作業がトレードである。

本書で紹介している著者の手法も真似していただいて構わない。ただし、あなたにとって「正しい」かどうかを必ず証明してから使ってほしい。ある人にとって「正しい」ものが、必ずしも、あなたにとって「正しい」とはならないことを、本書を通じて感じてほしい。あなたにとって「正しい」と証明されたルールを稼働していただきたい次第である。

簡単サインで「安全地帯」を狙うFXデイトレード

齊藤トモラニ【著】

定価 本体2,000円+税　ISBN:9784775991268

FXコーチが教えるフォロートレード
簡単サインで押し目買い&戻り売りの絶好ポイントを探せ!

本書で紹介しているWBRという新しいインジケーターは、RSIに、ボリンジャーバンド(以下、ボリン)の中心線と±2シグマのラインを引いたものです。RSIとボリンの関係から見える動き、具体的には「RSI とボリンの中心線の関係」「RSI とボリンの±2σの関係」からエントリーを探ります。

iCustom(アイカスタム)で変幻自在のメタトレーダー

島崎トーソン / 西村貴郁 / ウエストビレッジインベストメント株式会社【著】

定価 本体2,800円+税　ISBN:9784775991077

今まで、メタトレーダーでEA作りに挑戦し、挫折してきた人に読んでほしい本です。

本書の中で使っている定型文(エントリー&エグジット)と、ひな型として、一目均衡表を使ったEAのプログラム文をダウンロードしていただけます。それをメタエディターにコピペして、必要な部分だけ自分の好きなものに変えていただければ、すぐに EAが完成します。ぜひ、試してみてください。

投資(トレード)のやり方はひとつではない。
"百人百色"のやり方がある！

凄腕の投資家たちが赤裸々に語ってくれた、投資のやり方や考え方とはいかに……。

好評発売中

本書では、100人の投資家(トレーダー)が教えてくれた、トレードアイデアを紹介しています。
みなさんの投資(トレード)にお役立てください!!

百人百色の投資法
シリーズ全5巻

投資家100人が教えてくれたトレードアイデア集　JACK 著　各定価：本体 1,200円+税